¡Vale!

Unterrichtswerk für Spanisch

Arbeitsheft

C.C. Buchner

¡Vale!

Unterrichtswerk für Spanisch

Herausgegeben von Mónica Duncker und Eva-Maria Hammer

Arbeitsheft

Erarbeitet von Mónica Duncker

Bildnachweis:
dpa picture-Alliance, Frankfurt/Main - S. 66, 92, 93, 94 (oben);
Mónica Duncker, Buenos Aires - S. 105;
Verlagsarchiv - S. 26;
Kartenmaterial: Kartographie Huber, München - S. 24, 41, 42, 52, 92

RECHTSCHREIBREFORM 2006

1. Auflage 5 4 3 2 1 2015 13 11 09 07
Die letzte Zahl bedeutet das Jahr dieses Druckes.
Alle Drucke dieser Auflage sind, weil untereinander unverändert, nebeneinander benutzbar.

Gestaltung: Artbox Grafik & Satz GmbH, Bremen
Illustration: Ylva Böhm, Nürnberg
Druck- und Bindearbeiten: Creo Druck & Medienservice, Bamberg

www.ccbuchner.de

ISBN 978-3-7661-**6903**-7

España: un país en Europa

Paso 1

E 1 ***¿El o la?***
Escribe el artículo correcto. Setze den richtigen Artikel ein.

______ paisaje - ______ noche - ______ bar - ______ ciudad - ______ catedral -______ cine - ______ coche - ______ arte

E 2 ***Un chiste***[1]
- ¿Cómo se llama el pez[2] más negativo?
- Pesimista.

Paso 2

E 1 ***¿Uno o muchos?***
Escribe las frases en singular o plural. Schreibe die Sätze in der Singular- oder Pluralform.
1. Soy de Lima.
2. Hablas alemán y un poco de español.
3. Estudian en Salamanca.
4. Trabajáis en una fábrica de coches.
5. Somos estudiantes de arquitectura.
6. Él habla francés e italiano.

E 2 ***A ordenar***
Ordena las palabras, forma preguntas y contesta.
1. guitarrista famoso un Conoces español a
2. España es Qué interesante en
3. vacaciones las Trabajas en
4. eres dónde De
5. de equipo un Argentina Conoces fútbol famoso de

E 3 ***¿Dónde están las palabras?***
Completa el diálogo con las palabras que faltan.

Hortensia: Julia, ¿tú ______________ española?

Julia: No, ______________ francesa.

Hortensia: Pero ______________ muy bien el español.

Julia: Gracias. ______________ francesa, pero ______________ en España porque ______________ en la universidad.

Hortensia: ¡Qué bien! ¿Y dónde?

Julia: En Salamanca.

[1] chiste: *Witz* [2] pez: *Fisch*

E 4 ***Un chiste***

Lee y traduce.

- Sorry, do you speak English? – *pregunta un turista a un español en la Costa Brava.*
- ¿Qué dice usted?
- Do you speak English?
- ¡No entiendo![1]
- ¿Habla usted inglés?
- ¡Ah! Sí, perfectamente.

Paso 3

E 1 ***A completar***

Completa con el verbo correcto.

Costa Rica ____________ un país con paisajes extraordinarios. La capital ____________ San José. San José ____________ en el centro del país. En Costa Rica ____________ muchos parques naturales. Los más famosos ____________ Tortuguero, Manuel Antonio, Arenal. La lengua oficial ____________ el español o castellano. Unas ciudades importantes ____________ Alajuelas, Cartago, Puntarenas, Limón. En Costa Rica también ____________ montañas y volcanes. Los más famosos ____________ Poás, Irazú y Arenal.

E 2 ***Un diálogo***

Tú eres un chico alemán, de Hamburgo. Son las vacaciones y estás en Valencia. Conoces a una chica, Maite, y hablas con ella. Completa el siguiente diálogo.

Maite: Hola, soy Maite. Tú no eres español, ¿no?

Du begrüßt das Mädchen und sagst, dass du Deutscher bist. Dann stellst du dich vor.

____.

Maite: ¡Ah, alemán! ¿De dónde?

Du erklärst, dass du aus Hamburg bist.

____.

Maite: ¿Dónde está? ¿Es una ciudad grande?

Du antwortest.

____.

Maite: ¿Y tú, estudias o trabajas?

Du erzählst, dass du studierst, aber in den Ferien in einem Hotel arbeitest. Du fragst zurück.

____.

Maite: ¿Yo? Estudio economía. En las vacaciones trabajo en un bar.

Jetzt fragst du, ob sie Deutsch spricht.

____.

Maite: ¡Uy, no! Hablo un poco de inglés y valenciano, claro. ¡Pero tú hablas muy bien el español! ¿Hablas otras lenguas también?

Du bedankst dich und sagst, welche anderen Sprachen du sprichst.

____.

[1] *Ich verstehe nicht.*

E 3 *¡Muchos!*
Escribe como en el modelo.
Modelo: capital (3) **tres** capital**es**

1. región (7) ______________
2. hotel (9) ______________
3. pueblo (11) ______________
4. ciudad (13) ______________
5. museo (5) ______________
6. país (6) ______________
7. volcán (2) ______________
8. bar (12) ______________

E 4 *¿Qué escribo?*
Escribe la pregunta.

1. ¿______________?
   Soy de Valencia, ¿y tú?
2. ¿______________?
   Alemán, inglés y un poco de español.
3. ¿______________?
   En Salamanca pero soy de León.
4. ¿______________?
   No, soy cubano, de Santiago de Cuba.
5. ¿______________?
   Se dice "vacaciones".
6. ¿______________?
   Es una ciudad universitaria, no muy grande pero muy alegre.

E 5 *Un chiste*
Al teléfono:
- ¿Hablo con el 456492? - Sí, sí, sí, sí, no, no.

Paso 4

E 1 *En el Parque del Retiro en Madrid*
Completa con los siguientes verbos: **hablar - trabajar - estudiar - ser - estar - hay**

Gonzalo: ¡Hola, Lucía! ¿Cómo ______________?

Lucía: ______________ muy bien, gracias. ¿Y tú?

Gonzalo: Bien. Lucía, él ______________ Alex.

Lucía: Ah, hola, Alex. Tú no ______________ español, ¿no?

Alex: No, ______________ alemán, de Colonia.

Lucía: ¡Colonia! ______________ una ciudad muy famosa. ¿Y tú? ¿______________ en Madrid?

Alex: No. ______________ en la universidad. ______________ arquitectura.

Lucía: Interesante. Tú también ______________ arquitectura, Gonzalo, ¿no?

Gonzalo: Claro. Oye, Lucía, aquí cerca[1] ______________ un bar. Vamos[2] los tres y ______________ un poco más.

[1] aquí cerca: *hier in der Nähe* [2] vamos: *lass uns gehen*

E 2 *¿Sí o no?*

Lucía: española

estudiante

~~trabaja en un bar~~

~~habla alemán~~

es de Sevilla

estudia en Madrid

~~estudia arquitectura~~

¿Eres mexicana?	No, no soy mexicana, soy española.
¿Trabajas en un bar?	______.
¿Estudias en Salamanca?	______.
¿Eres estudiante?	______.
¿Estudias arquitectura?	______.
¿Eres de Madrid?	______.
¿Hablas alemán?	______.

E 3 ***Abalaprs***

¿Qué dice el título? Abalaprs: palabras
Busca la palabra correcta.

abéimnt: ______.

acddiu: ______.

eiopqu: ______.

belopu: ______.

aeeglr: ______.

dmnou: ______.

aaeijps: ______.

Paso 5

E 1 ***¿Conoces a Lucía?***

Completa el texto.

Lucía es un____ chic____ español____ de Sevilla. Sevilla es una ciudad alegr____ y antigu____. En Sevilla hay un____ catedral muy famos____ y museos interesant____. Lucía es muy guap____ y también un____ muy buen____ estudiante.

E 2 ***Un español muy famoso***
Escribe los números.

5 ..... _ _ _ _

3 _ _ ..... _

4 _ _ _ _ ..... _

9 _ _ _ ..... _

4 _ _ ..... _ _ _

9 ..... _ _ _ _

7 _ _ _ ..... _

6 _ ..... _ _

2 _ _ .....

La solución (die Lösung) es: _ _ _ _ _ _ _ _ _ _ _

E 3 ***¿Ser, estar o hay?***
Completa los espacios vacíos con los verbos que faltan.

En Latinoamérica ____________ diecinueve países en los que la lengua oficial ____________ el español o castellano. Latinoamérica ____________ una región extraordinaria. Allí ____________ muchas culturas diferentes. Por ejemplo, la cultura Maya ____________ en Guatemala y México, y la Inca ____________ en Perú.
En Latinoamérica ____________ también ciudades muy modernas, como Buenos Aires que ____________ la capital de Argentina, Caracas, que ____________ la capital de Venezuela o Ciudad de México que ____________ la capital de México. La universidad más antigua ____________ en Lima, Perú y la más grande ____________ en Buenos Aires.

E 4 ***A completar***
Completa las frases con:
capital – antigua – impresionante – montañas – vacaciones

1. La catedral de Santiago de Compostela es ______________________.
2. La ______________________de Honduras es Tegucigalpa.
3. En España hay ______________________.
4. Toledo es una ciudad ______________________.
5. En las ______________________trabajo en un bar.

Wo kannst du ***muy*** *bzw.* ***mucho/a/os/as*** *einfügen?*

E 5 ***Un chiste***
Lee y traduce.
La profesora pregunta a Jaimito:
– Jaimito, dime cinco cosas en las que hay leche.
– Cinco vacas, señorita.

Gente

Paso 1

E 1 ***Preguntas***

1. Mira el texto de la Etapa 2, Paso 1: "Una entrevista con Carmen". Escribe preguntas sobre las diferentes personas.

¿Qué hace ...? ¿Cuántos años tiene ...? ¿Dónde vive ...?

2. Contesta las preguntas.

E 2 ***¿Qué buscas?***

Con el vocabulario que conoces, escribe palabras para los siguientes verbos:

buscar: una ciudad, un artículo ...

tener: ______________________________

mandar: ______________________________

leer: ______________________________

escribir: ______________________________

E 3 ***Periódicos***

Relaciona los titulares[1] con los textos.

Los mayores, cada vez más activos

Las mujeres del cine ibérico

La economía de la salud

De la cancha de hockey a los negocios

1. "El paciente es cada vez más caro", reconoce el doctor Eduardo San Román. Antes el médico tenía solamente la posibilidad de hacer radiografías a un paciente y poco más. Hoy hay tomografías, ecografías, resonancias ... . En todo el mundo ya se sabe que no hay ningún seguro médico, ni público ni privado, que pueda pagar todos los costos.

[1] titular: *Zeitungsüberschrift, Schlagzeile*

2. El revés era la mejor pegada de María Paula Castelli cuando jugaba en la selección argentina de hockey. Varios años después de dejar su carrera como jugadora, Castelli diseña y vende camisetas, chaquetas y otros artículos que llevan como nombre "Revés". Lo que empezó como hobby terminó como negocio. "Hoy el 70 % de nuestros productos se exportan desde Argentina directamente a Barcelona y al resto del mercado europeo", dice esta joven empresaria.

3. Según una encuesta, más del 35 % los rechaza. Y casi el 30 % los ignora. Pero ellos hacen su vida: van a cursos y talleres para sentirse útiles y mantener una vida sana y activa. Los talleres preferidos para los mayores son los de literatura y los cursos que más visitan son los de gimnasia, yoga, teatro y gimnasia acuática.

4. Dos títulos clave del cinc español están dirigidos por mujeres: *La vida secreta de las palabras,* una muestra más de la sensibilidad de Isabel Coixet, quien cuenta la relación entre un hombre accidentado en un barco petrolero y la enfermera que lo cuida. La otra película, *El cielo gira,* dirigida por Mercedes Álvarez, pinta la vida de un pueblo en el que sólo viven 14 habitantes y parece haber sido olvidado en el tiempo.

E 4 ***Un chiste***

Lee y traduce.

Un señor un poco viejo pregunta a Jaimito:
- Jaimito, ¿cuántos años crees que tengo?
- Perdone, señor, pero sólo sé contar hasta cien.

Paso 2

E 1 ***¿Y la familia, qué tal?***

Completa las siguientes frases con las palabras de abajo[1]. No necesitas todas.

[1] abajo: *unten*

1. La madre de mi padre es mi ______________________.
2. El marido de mi abuela es mi ______________________.
3. La hermana de mi madre es mi ______________________.
4. El hijo de mi tía es mi ______________________.
5. La hija de mi hermano es mi ______________________.

marido - mujer	padre - madre	abuelo - abuela
hijo - hija	hermano - hermana	primo - prima
tío - tía	nieto - nieta	sobrino - sobrina

E 2 ***A ordenar***

Busca para cada pregunta la respuesta correspondiente.

1. ¿Cómo te llamas?	a. Un hermano y una hermana.
2. ¿Cómo se escribe Miguel?	b. Se llama José Luis.
3. ¿Cuál es tu apellido?	c. Ella tiene 19 años
4. ¿Cuántos hermanos tienes?	d. Se llaman Antonio y Carmen.
5. ¿Cuántos años tiene tu hermano?	e. Me llamo Miguel.
6. ¿Cómo se llama?	f. Mi padre es mecánico y mi madre es ama de casa. →

7. ¿Cómo se llama tu hermana?
8. ¿Cuántos años tiene?
9. ¿Cómo se llaman tus padres?
10. ¿Qué hacen?
11. ¿Tienes primos?
12. ¿Cómo se llaman?

g. Sí, tengo un primo y dos primas.
h. Mi apellido es Herrera.
i. Se llaman Luciano, Daniela y Victoria.
j. Se llama Catalina.
k. Tiene15 años.
l. Se escribe M-I-G-U-E-L.

E 3 ***¿Cómo se dice en español?***

Traduce.

Santiago: Wo wohnst du?
Jacinto: Ich wohne in Spanien, in Santander.
Santiago: Alleine?
Jacinto: Nein, mit zwei Freunden.
Santiago: Und deine Familie? Wo wohnt sie?
Jacinto: Meine Familie wohnt in Bilbao, aber ich fahre fast jedes Wochenende nach Hause. Und du?
Santiago: Ich wohne in Madrid, bei meiner Tante. Meine Eltern wohnen in Argentinien und wir sehen uns sehr selten. Aber wir schreiben uns E-Mails.
Jacinto: Telefonierst (hablas por teléfono) du manchmal mit ihnen?
Santiago: Ja, aber es ist sehr teuer.

E 4 ***Aquí falta algo.***

Completa el siguiente diálogo con las palabras que faltan.

Peter: ¿Tienes una ____________________ grande?

Flor: Bastante. Somos siete en casa.

Peter: ¿Siete? ¡Guau ...!

Flor: Sí, papá, mamá, mis cuatro ____________________ y yo.

Peter: ¿ ____________________ las familias españolas tienen muchos hijos?

Flor: No. Pero mi familia no es muy ____________________. Actualmente las familias españolas tienen sólo uno o dos ____________________.

Peter: En Alemania ____________________. Y cuando hacéis una fiesta, ¿está toda la familia?

Flor: A menudo sí, entonces somos más de 20. Mis ____________________, los padres de mi madre, tienen una casa muy grande y allí ____________________ todos: las tres hermanas de mi madre, mis ____________________, con sus ____________________ e hijos, mis ____________________. Mi padre tiene sólo un ____________________ y no es ____________________, mi tío Ramón. Pero él nunca falta a estas fiestas. Con él no te ____________________ nunca. Siempre tiene cosas ____________________ para decir.

Peter: ¿Y tus otros ____________________? ¿Los padres de tu padre?

Flor: Ya no ____________________.

Peter: ¡Qué pena![1]

[1] ¡Qué pena!: *Wie schade!*

E 5 ***Para leer***

Lee este texto sin diccionario. A ver cuánto entiendes. Después marca verdadero o falso.

Los Menonitas

En Argentina viven unas 200 familias menonitas. Por su religión no escuchan música ni ven televisión, no leen los periódicos ni tienen coches. El único día en que no trabajan es el domingo. Este es el mejor día de todos. No hay ni club ni café, pero nadie lo lamenta. No pueden beber alcohol ni fumar. Viven como en el siglo XIX, sin electricidad ni coches. Son una sociedad cerrada. Su actividad principal es la agricultura. Cada familia tiene como mínimo seis hijos. Muchas tienen diez o doce. La colonia se divide en ocho zonas, cada una tiene escuela - con maestro menonita -, iglesia y un jefe que cambia cada dos años. Existen unos 300 mil menonitas, en Holanda, Alemania, Rusia, Norteamérica, Bolivia, Paraguay y Argentina. Hablan un dialecto mezcla de holandés y alemán que no saben escribir. Hay grupos menos conservadores, por ejemplo en la colonia menonita de Paraguay tienen coches.

1. En Holanda hay 300 mil menonitas.
2. El domingo los jóvenes están con sus amigos.
3. El domingo los jóvenes van al club.
4. Los niños van a la escuela de la colonia.
5. En la colonia menonita de Argentina no hay coches.
6. Hablan y escriben en alemán.

E 6 ***Un chiste***

Lee y traduce.

Dice el coronel:

- Se dice que ustedes dos son los más tontos del batallón y por eso les voy a hacer una pregunta a los dos. A ver, usted, ¿qué significa la bandera para usted?

Uno de los soldados contesta:

- Para mí, la bandera es como mi madre.
- ¡Muy bien! - dice el coronel y le hace la misma pregunta al otro soldado. Éste contesta:
- Para mí la bandera es como mi tía.
- ¿Y por qué como su tía? - le pregunta el coronel.

El soldado contesta:

- Él es mi primo, coronel.

Paso 3

E 1 ***Ensalada de profesiones***

Busca siete profesiones.

V	U	E	C	L	V	E	L
M	E	C	A	N	I	C	O
A	L	E	R	S	P	A	M
L	I	M	T	D	A	A	I
L	Ñ	O	E	S	Q	U	N
E	A	H	R	D	A	L	E
A	B	G	O	A	I	N	R
T	L	U	V	A	N	C	O
I	A	B	O	G	A	D	O
P	I	N	T	O	R	D	A

E 2 ***Escribe rápidamente***

1. Escribe los adverbios correspondientes a los siguientes adjetivos.

típico - real - extraordinario - correcto - oficial - alegre - tranquilo - general - sólo - actual - completo - serio - único

2. Escribe pares de frases como en el modelo.

Modelo: Tu trabajo es **extraordinario**. *(adjetivo)* → Habla **extraordinariamente** bien el español.

E 3 ***A ver cómo es esto***

Ordena las palabras y forma frases.

1. ¿cerca farmacia Hay una?
2. aquí cerca de hay Sí, una
3. calle en está farmacia La la Belén
4. aquí cerca de en Mi padre tienda trabaja una
5. conocimientos de hay informática Para que secretaria ser tener

E 4 ***¿Quién hace qué?***

Relaciona y escribe frases como el modelo.

Modelo: Cuando tengo problemas con la gramática hablo con **el/la profesor/a**.

tener gripe	el fotógrafo
tener problemas con el coche	la profesora
querer comprar pan	el médico
tener problemas con la gramática	el mecánico
querer un cuadro[1] para mi casa	la camarera
querer un café en el bar	el panadero
necesitar una foto	el pintor

E 5 ***En pocas palabras***

Completa y aprende más vocabulario. Usa el diccionario.

1. Una profesora es una persona que ________________________________.
2. Un médico es una persona que ________________________________.
3. Un panadero es una persona que ________________________________.
4. Un carpintero es una persona que ________________________________.
5. Un mecánico es una persona que ________________________________.
6. Una peluquera es una persona que ________________________________.
7. Un ama de casa es una persona que ________________________________.

... **hace** y **vende** pan. - ... **lava** y **peina** el pelo de los clientes. - ... intenta **curar** a sus pacientes. - ... **repara** coches. - ... **enseña** algo a los alumnos en el colegio. - ... **trabaja** con madera. - ... **lava, plancha, cocina, ayuda** en las tareas, **cuida** a los niños, **hace** las compras, **limpia** y **ordena la casa** ... y mucho, mucho más.

E 6 ***El trabajo ideal***

*¿Como **tiene que** ser tu trabajo para ser ideal? Escribe frases con **tener que**. Después compara con tu compañero/a.*

E 7 ***Un chiste***

Lee y traduce. Usa el diccionario.

Un paciente va al dentista:

- Doctor, tengo los dientes amarillos. ¿Qué me recomienda?
- Usar corbata marrón.

[1] cuadro: *Bild*

Ir a clase

Paso 1

E 1 ***¿Cómo se dice en castellano?***

Traduce.

Mein Cousin Manuel ist siebzehn Jahre alt. Er kommt aus Rosario, Argentinien, aber jetzt wohnt er mit seiner Mutter, seinem Vater und seinen zwei jüngeren Schwestern in Madrid. Seine jüngste Schwester heißt Sofía und die andere Lucía. Manuel hat eine Freundin, die in Rosario wohnt. Sie heißt Silvina.

In Madrid wohnen Manuel und seine Familie in einem kleinen Haus. In Manuels Zimmer gibt es einen Tisch mit vielen CDs, Bildern von seiner Freundin und seiner Fußballmannschaft: Rosario Central. Auf dem Tisch sind auch zwei Bücher: Englisch und Mathe.

Von 8:00 bis 13:00 ist Manuel in der Schule. Nachmittags hat er auch Unterricht, von 15:00 bis 17:00 Uhr: Sport oder Kunst.

E 2 ***¿Qué hora es?***

Escucha los diálogos y marca las horas que escuchas.

E 3 ***¿Ser o estar?***

Completa con el verbo correcto.

1. Dolores ____________ de Galicia, pero ahora ____________ en Alicante.
2. El Sr. Pérez ____________ muy ocupado[1] porque hoy su secretaria no ____________.
3. ¿Dónde ____________ tu libro?
4. La habitación de Mar ____________ un poco desordenada.
5. La sopa[2] ____________ fría[3]. - El Gazpacho ____________ una sopa fría.
6. ¿Cómo ____________ el profesor de matemáticas? - ____________ joven y simpático.
7. ¿Qué hora ____________? - ____________ las cinco y cuarto.

[1] ocupado/a: *beschäftigt* [2] sopa: *Suppe* [3] frío/a: *kalt*

E 4 ***Otro ejercicio, otros verbos***

Completa con el verbo en la forma correcta.

1. Yo ______________ (jugar) al tenis.
2. Tú ______________ (hablar) francés.
3. Nosotros ______________ (tener) un coche español.
4. Vosotros ______________ (ir) al cine.
5. Yo ______________ (estudiar) español.
6. Ellas ______________ (ver) la televisión.
7. Las clases ______________ (empezar) a las ocho.
8. Los sábados los chicos no ______________ (tener) clases.

E 5 ***Cifras***

Lee estas informaciones y escribe los números en letras. Escribe en alemán lo que entiendes.

La Cruz Roja cuenta con 939 puestos fijos de primeros auxilios en las carreteras españolas, además de 2.000 ambulancias y 9.500 voluntarios.

La superficie del bosque seminatural en España es de 8.900 hectáreas.

16 metros de altura tiene el monumento a Don Juan de Borbón en el Parque de las Naciones (Madrid).

10.000 policías y guardias civiles vigilan las zonas costeras este verano.

El 60 % de los españoles prefiere el matrimonio religioso.

Época/30

E 6 ***Se buscan poetas***

En la mesa de Pablo hay un poema. ¿Puedes escribir otro?

Modelo: Un amigo es .../Tener un novio es .../La vida es ...

Paso 2

E 1 ***Saco de palabras***

1. *Ordenad las palabras en tres grupos:* edificios, asignaturas, actividades.

aula – fútbol – informática – gimnasio – deberes – badminton – ecología – deportes – matemáticas – biblioteca

2. *Escribid el artículo para cada palabra.*
3. *Escribid un pequeño texto con estas palabras.*
4. *Rellenad otro saco con palabras para la biblioteca.*

E 2 ***La oveja negra***

1. En cada grupo hay una "oveja negra", una palabra que no va con las otras. ¿Cuál es?

1. la biblioteca - la cafetería - el gimnasio - el deporte
2. el estuche - la informática - el libro de inglés - la mesa
3. la profesora - el alumno - los tíos - la directora
4. el patio - el baloncesto - el fútbol - el badminton

2. ¿Qué tienen las otras palabras de cada grupo en común?
*3. Combina cada palabra con **es/son** y uno de estos adjetivos:*
grande - pequeño - interesante - aburrido - nervioso - joven - severo - moderno - activo

E 3 ***¿Te gusta ...?***

1. Ordena los dibujos con las palabras.

bailar - cantar - escuchar música - jugar al fútbol - hablar español - hablar por teléfono - la playa - las manzanas - nadar - tocar la guitarra

2. Ahora escribe lo que te gusta (hacer) y lo que no – en frases completas, por favor.

E 4 ***¿Qué?***

Ordena las frases.

1. mucho - y - cine - el - A - voy - me - hermana - gusta - mí - mi - normalmente - con
2. gusta - la - la - más - Me - montaña - playa - que
3. A - gusta - la - más - me - mí - montaña
4. gustan - las - matemáticas? - no - ¿Por - te - qué
5. A - gusta - le - mi - no - tío - trabajar
6. tampoco - mío - Al

E 5 *¿Por qué? Porque sí.*

Contestad las preguntas con alguna de las respuestas que tienes o con otras.

1. ¿Por qué pones esa música?
2. ¿Por qué vuelves temprano de la escuela?
3. ¿Por qué llevas dinero?
4. ¿Por qué estás aburrido?
5. ¿Por qué no está Nati aquí ?
6. ¿Por qué no vienes al cine con nosotros?
7. ¿Por qué estudias hoy para el examen del lunes?

no entender nada de matemáticas - encantarme - tener que estudiar con ... - necesitar comprar cosas para la escuela - no haber educación física - estar en el patio - no saber qué hacer

E 6 *¿Cuándo duermen[1] los españoles?*

1. Escucha el CD y completa las frases.

1. Los españoles terminan de trabajar más ______________ que los alemanes.
2. Muchos españoles empiezan a trabajar a las ______________.
3. Los bancos abren a las ______________.
4. Las tiendas abren a las ______________ ó ______________.
5. La universidad y los colegios de secundaria empiezan las clases a las ______________, los colegios de primaria a las ______________.
6. Muchas tiendas cierran a la ______________ ó ______________ y abren por la tarde a las ______________ ó ______________.
7. Los supermercados grandes están abiertos hasta las ______________.
8. Los bancos cierran al público a las ______________.
9. Los colegios de primaria terminan las clases a la ______________ y empiezan por la tarde desde las ______________ hasta las ______________.
10. La hora de comer es entre la ______________ y las ______________.

2. Escribe las mismas frases para un amigo español que quiere saber algo de los horarios de los alemanes.

E 7 *Una asignatura interesante*

Explica en español lo que dice el texto. ¿Estás de acuerdo? ¿Por qué?

Glücklichsein als Schulfach?

In Großbritannien gibt es demnächst ein neues Schulfach: „Happiness", also *Glück* wird es heißen. Es soll erst einmal für rund 2000 Elfjährige auf dem Schulplan stehen.
In dem Fach geht es darum zu lernen, wie Stress und traurige Situationen bewältigt werden können. Mit Rollenspielen, Atemübungen und ähnlichem sollen die Mädchen und Jungen lernen, besser als bisher klar zu kommen.
Der Grund für das neue Fach: Viele Schulkinder sollen Depressionen haben, also traurige und angstvolle Stimmungen, mit denen sie nicht mehr zurechtkommen. Vor allem Angst vor der Schule und Probleme in den Familien sind dafür die Gründe.
Sollte die „Glücksstunde" Erfolg zeigen, soll sie auf weitere Schulen ausgeweitet werden. Auch Lehrer in anderen Ländern verfolgen das Projekt. Ob man Glücklichsein in der Schule lernen kann, ist nämlich sehr umstritten.

Sonntag 3. September 2006

[1] dormir: *schlafen*

E 8 ***Un chiste***

Lee y traduce.

Jaimito le dice a su padre:

- ¡Papá, papá, tengo una noticia buena y una mala!
- ¿Cual es la buena, Jaimito?
- Que tengo muy buenas notas en el colegio y paso a la próxima clase.
- ¿Y la mala?
- Que es mentira[1].

Paso 3

E 1 ***En una fiesta de cumpleaños***

Ordena este diálogo.

1. *Guadalupe:* Gracias, Fer. ¿Y esto?
2. *Guadalupe:* ¿Otra cosa?
3. *Guadalupe:* ¡Vale! Agua entonces.
4. *Fernando:* Claro, me encantan las tartas.
5. *Fernando:* Son flores, para ti.
6. *Fernando:* Un poco de agua está bien.
7. *Guadalupe:* ¿Un poco de champán[2]?
8. *Guadalupe:* ¡Preciosas[3]!
9. *Fernando:* ¡Hola, guapa! ¡Feliz cumpleaños!
10. *Fernando:* No, gracias, estoy en coche.
11. *Fernando:* Como tú, guapa.
12. *Guadalupe:* Pero, mira aquí tengo la tarta. Vamos a comer un poco, ¿quieres?

E 2 ***Estamos aprendiendo***

Escribe para cada foto una frase con gerundio.

¿Qué están haciendo las personas de los dibujos?

Modelo: 1. Está leyendo un libro de inglés./Está estudiando inglés./Está aprendiendo inglés.

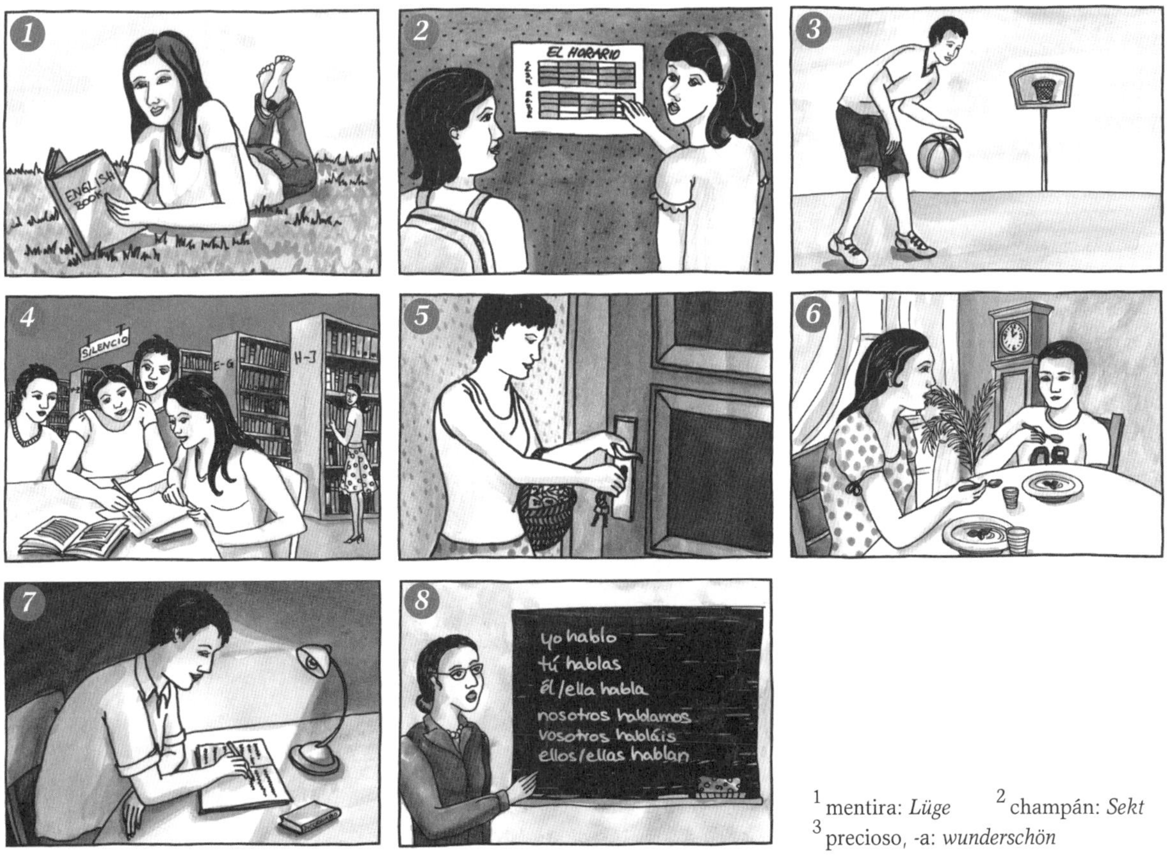

[1] mentira: *Lüge* [2] champán: *Sekt*
[3] precioso, -a: *wunderschön*

E 3 ***Diferentes situaciones***

Tenéis que trabajar con un dado[1].
Para cada número tenéis que pensar qué cosas ***tenéis que/hay que*** *hacer.*
Modelo: Para hablar español tengo que/hay que ir a un curso.

hablar español

trabajar en la recepción de un hotel

comprar[2] *un ordenador*

hacer un viaje

ir al colegio

preparar un pastel

E 4 ***Se habla español***
Mira la página 23 del libro y completa.

1. El sueco se habla en ______________________.
2. El español se habla ______________________.
3. El holandés se ______________________.
4. El italiano ______________________.
5. ______________________.
6. ______________________.
7. ______________________.
8. ______________________.
9. ______________________.
10. ______________________.

E 5 ***Todos y cada uno***
Completa las frases con: todas – todos – y – las – todo – toda – cada

1. ¿Conoces ______________ las ciudades españolas?
2. ______________ cultura tiene algo especial.
3. España ______________ Portugal forman la Península Ibérica.
4. No se habla español en ______________ los países latinoamericanos.
5. En ______________ Centroamérica se habla español, excepto en Belice.
6. En ______________ clases de español, solamente hablamos en español.
7. Mis amigos hablan ______________ el día de fútbol.

E 6 ***Un chiste***
Lee y traduce.
- Mamá, mamá ... - dice Jaimito - ¿Puedo ir a una fiesta de 15 años?
- No, hijo, es demasiado larga.

[1] dado: *Würfel* [2] comprar: *kaufen*

El tiempo libre

Paso 1

E 1 ***¿Qué hace el estudiante?***

1. Escribe frases completas usando la tercera persona.

07.00 levantarse A las siete se levanta.
07.30 desayunar
08.15 ir a la universidad
13.00 volver a casa
13.30 almorzar
14.00 dormir la siesta
15.00 tomar un café
16.00 jugar una partida de mus[1]
17.00 revisar los apuntes
17.30 estudiar dos horas
20.00 salir con los amigos
21.45 cenar
22.30 mirar la tele
23.30 acostarse

2. Ahora escribe lo que haces tú a las mismas horas.

E 2 ***¿Estás durmiendo?***

Completa con las formas correctas del gerundio.

1. El estudiante (buscar) ________________ sus apuntes para la clase de mañana.
2. Ahora (escuchar) ________________ un CD.
3. Los chicos (jugar) ________________ a las cartas.
4. Va (correr) ________________ a la universidad porque es tarde.
5. Los estudiantes (hacer) ________________ mucho ruido en la cafetería.
6. Paco (leer) ________________ otra vez sus apuntes.
7. Los amigos (discutir) ________________ sobre la película en el bar.
8. La familia (almorzar) ________________.

E 3 ***En español, por favor***

Traduce.

6:30 Der Wecker klingelt. Ich stehe auf. Ich lerne 15 Minuten und trinke eine Tasse Kaffee.
7:00 Ich dusche und ziehe mich an.
7:30 Ich fahre mit meinem Fahrrad (bicicleta) zur Uni. Auf dem Weg treffe ich Luci. Was für ein Glück!
8:00 Viele Studenten sind schon im Hörsaal. Das macht nichts! (No importa.) Luci und ich sitzen in der letzten Reihe. (Morgen versuche ich um die gleiche Zeit den gleichen Weg zu nehmen.)
10:30 Pause. Wir gehen in die Cafetería, um schnell einen Kaffee zu trinken. Wir reden über den Lehrer. Sie mag ihn. Ich nicht.
12:30 Ich habe Kopfschmerzen. Luci fragt ob ich heute Abend mit ihr und anderen Freunden ins Kino gehen möchte. Natürlich. Ja, ja, sage ich.
13:00 Mittagessen zu Hause. Meine Familie redet und redet und ich habe KOPFSCHMERZEN!!!
13:30 Ich lege mich hin und schlafe.

→

[1] mus: *un juego de cartas*

16:00 Pedro ruft an. Spielen wir eine Partie Mensch ärgere dich nicht? Na gut. Wir treffen uns fünfzehn Minuten später bei Angelito in der Bar.
18:00 Ich komme nach Hause. Ich brauche etwas Geld, um ein Heft und einen Kugelschreiber zu kaufen.
19:00 Ich gehe ins Kino mit Luci, Pepi und anderen vier Mädchen. Meine Kopschmerzen fangen wieder an. Der Film ist langweilig.
21:00 Wir gehen in die Bar, trinken etwas und essen eine Portion Tortilla.
21:45 Ich komme nach Hause. Meine Familie ist beim Essen und Fernsehen. Ich sitze noch halbe Stunde bei ihnen.
22:15 Ich gehe ins Bett. Ich lerne noch eine halbe Stunde. Morgen stehe ich um sechs auf, um meine Notizen anzuschauen.

E 4 ***Un chiste***

La profesora pregunta:
- Jaimito, dime el Principio de Arquímedes.
- La "A", señorita.

Paso 2

E 1 ***¿Qué vas a hacer el domingo?***

1. Escribe un programa para el domingo como el modelo:
- levantarme tarde
- desayunar
- …

2. Ahora escribe frases completas sobre tus planes.
Modelo: El domingo **voy a levantarme** tarde, … .

E 2 ***Una carta***

Recibes una carta de tu amigo mexicano que vive en Erlangen. Tú vas a ir a visitarlo el fin de semana próximo. Él te escribe sobre sus planes. ¿Te gustan?

Querida/o ______________________:

¡Qué bueno que por fin vas a venir a visitarme el próximo fin de semana! Ya era hora[1]… . Esta ciudad te va a gustar, el problema es que vas a estar solamente dos días y hay tanto para hacer. Tengo algunas ideas. Podemos visitar la Fränkische Schweiz, que está cerca, comer algo en un restaurante típico, tomar una cerveza[2] o dos … . El domingo hay un concierto de jazz buenísimo en la Orangerie, a las once de la mañana, después podemos ver un poco la ciudad, también quiero presentarte[3] a mis amigos. Lamentablemente[4], por la tarde ya tienes que volver a tu casa. Pero, bueno, vienes dos días y eso es mejor[5] que nada, ¿verdad?

Hasta el sábado.

Un abrazo[6],

Jesulín

1. Lee la carta y escribe las actividades que vais a hacer. ¿Quieres hacer todo lo que te propone Jesulín?
2. Escribe una carta de respuesta a Jesulín. Puedes proponer tú también algo.

[1] ya era hora: *es war schon Zeit …* [2] cerveza: *Bier* [3] presentarte: *dich vorstellen*
[4] lamentablemente: *leider* [5] mejor: *besser* [6] abrazo: *Umarmung*

E 3 ***¡Diga!***

Ordena el diálogo. ¿Quién dice qué?

1. *Nahuel:* Sí, no tenemos Matemáticas. La profe no viene.
2. *Mamá:* No, yo no puedo ir, pero quizás[1] Pepe va.
3. *Nahuel:* No, voy con la mamá de Oscar.
4. *Nahuel:* Mamá, soy Nahuel.
5. *Nahuel:* ¿Puedes venir a buscarme a la escuela?
6. *Mamá:* ¡Vale!
7. *Mamá:* Hola, hijo, ¿vas a venir a almorzar?
8. *Mamá:* ¡Vale! A la una comemos.
9. *Mamá:* ¡Diga!

E 4 ***A escribir***

Contesta las preguntas, después relaciona las frases con y, pero, para, ... y escribe un pequeño texto de tu fantasía.

1. ¿Dónde está Ramón?
2. ¿Desayuna siempre allí?
3. ¿Qué toma para el desayuno?
4. ¿Qué hace después?
5. ¿Por qué?

E 5 ***Un chiste***

Lee y traduce

La profesora pregunta a Jaimito:

- Jaimito, ¿qué te pasa?
- No sé escribir el número 33.
- Es muy fácil, primero un 3 y después otro 3.
- Sí, señorita, pero no sé cuál de los dos se escribe primero.

Paso 3

E 1 ***Vamos a adivinar***

Modelo: Es pequeño, es de marca, es barato, es exacto ... ¿Qué puede ser? ... Un reloj.
Es serio, es de dinero, es de matemáticas, es personal ... ¿Qué puede ser? ... Un problema.
Piensa en más definiciones como los modelos y pregúntale a tu compañero/a qué puede ser.

E 2 ***¿Sabes traducir estas frases?***

1. Daniel kann Tennis spielen.
2. Laura kann Französisch sprechen.
3. Emilia kann Klavier spielen.
4. Juan kann ein neues Fahrrad kaufen. Jetzt hat er das Geld.
5. Susi und Ernesto können Tango tanzen.
6. Kannst du kommen?
7. Manuel darf Auto fahren. Er ist 18 Jahre alt.

[1] quizás: *vielleicht*

E 3 ***Ensalada de deportes***

Busca ocho palabras relacionadas con el deporte.

N	O	I	C	A	T	A	N	W
B	A	M	I	R	G	S	E	I
A	N	D	S	B	A	T	E	N
L	L	N	O	I	I	E	Q	D
O	O	O	C	U	N	R	O	S
B	O	E	Q	U	F	E	T	U
T	C	S	X	L	R	A	T	R
U	E	N	O	O	M	A	S	F
F	C	G	U	N	B	E	U	Q

E 4 ***Un chiste***

Lee y traduce.

Mientras están haciendo una película, el director le dice al actor:
- En esta escena tienes que tirarte al mar.[1]
- Pero, señor director, es que yo no sé nadar.
- No importa[2]. Es la última escena.

Paso 4

E 1 ***Un chiste***

Lee y traduce.

La profesora le dice a Jaimito:
- Jaimito, dime[3] dos pronombres
- ¿Quién, yo?
- ¡Muy bien!

E 2 ***La frase***

Lee y traduce.

El cine ayuda a soñar. La televisión a dormir.
Jaume Perich, humorista español

Paso 5

E 1 ***¿Tomamos algo?***

Escribid el diálogo entre Iris y Luisito.

Luisito: Du lädst Iris ein, etwas zu trinken.
Iris: Du sagst, dass es dir leid tut, aber es geht nicht.
Luisito: Du möchtest wissen, warum.
Iris: Du sagst, du musst nach Hause gehen.
Luisito: Du versuchst, sie zu überreden, indem du sagst, es wären nur zehn Minuten.
Iris: Du sagst, es geht nicht. Vielleicht (quizás) morgen ...

[1] tirarse al mar: *ins Meer springen* [2] no importa: *das macht nichts* [3] dime: *sag mir*

E 2 ***A practicar***

1. Mira el siguiente vocabulario y piensa qué frases puedes usar si quieres quejarte (dich beschweren), dudar (zweifeln), rechazar algo (etwas ablehnen) o prohibir algo (etwas verbieten):

No hay que ... - Esto no puede ser - No sé - No, gracias - No es posible - No se puede ... - Esto no me gusta - No creo - No puedo - Puede ser

2. Escribe algunos diálogos y usa estas expresiones.

E 3 ***¿Qué palabra no corresponde?***

En cada serie de palabras hay una que no corresponde. Explica por qué.

1. cine - teatro - bar - escuela - película
2. lugar - examen - mano - despertador - semestre
3. aburrido - cansado - alegre - nervioso - desordenado
4. el codo - la rodilla - la cadera - la cabeza - el ruido
5. antipático - lápiz - puntual - lento - difícil

E 4 ***La habitación de Pepe***

¿Dónde están las cosas?

Modelo: 1. El CD está encima de la cama.

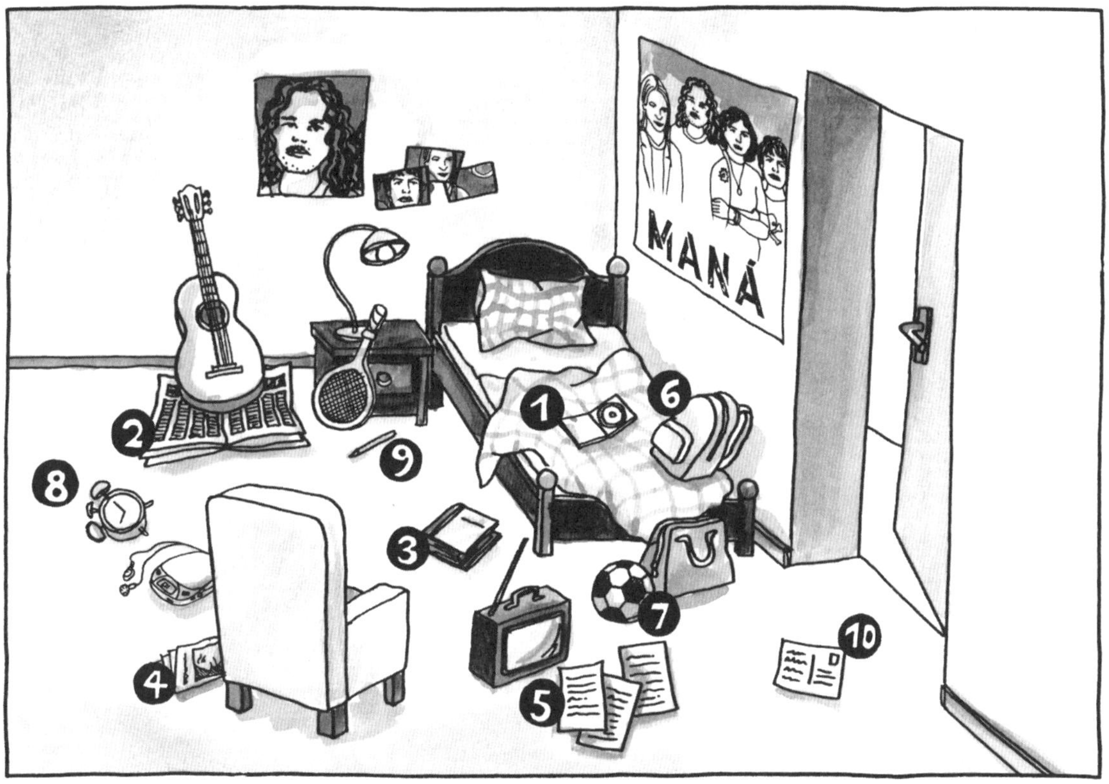

E 5 ***Un chiste***

Lee y traduce.

En clase le dice la profesora a Jaimito:

- A ver, Jaimito. Dime el presente de indicativo del verbo "nadar".

Jaimito responde gritando:

- YO NADO, TU NADAS, EL NADA ...
- Jaimito, más bajo, más bajo ...
- Yo buceo, tú buceas, él bucea ...

E 6 ***La frase***

Lee y traduce.

"El dinero no da la felicidad, pero da una sensación tan parecida, que se necesita un especialista muy avanzado para verificar la diferencia." *Woody Allen*

De compras

Paso 1

E 1 ***¿Qué vamos a comer?***

Escucha el CD y marca las respuestas correctas.

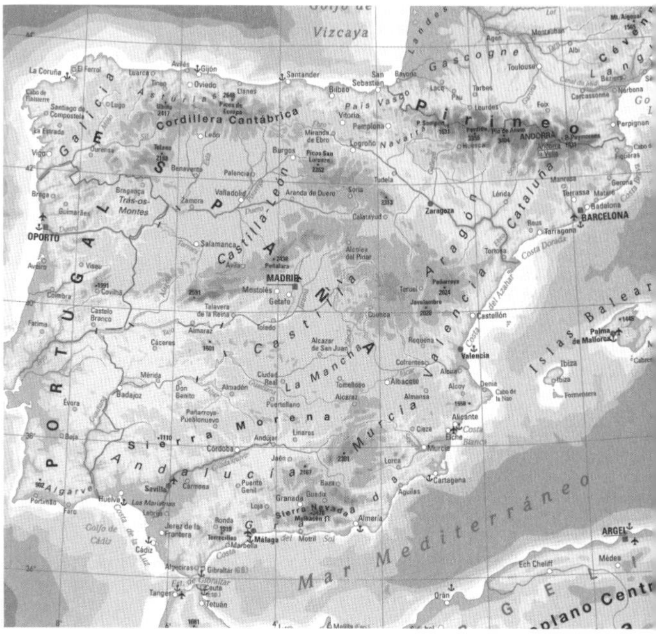

1. ¿De qué regiones habla María Emilia?
   - Cataluña - Galicia
   - Andalucía - Valencia
2. ¿Qué no le gusta a Tito?
3. ¿Existe sólo paella de mariscos[1]? ¿Qué dice Tito?
4. ¿En que ciudad están?
5. ¿Qué van a comer?
6. ¿Qué cosas importantes hay en la ciudad que visitan?

E 2 ***¿Qué puedo comprar?***

Hoy es viernes. Estás solo/a en casa.
Tienes 15 Euros para hacer la compra para el fin de semana. Piensa bien qué vas a comprar.
Escribe la lista de la compra. ¿Qué vas a cocinar?

E 3 ***Un chiste***

Lee y traduce.

- ¡Mamá!, ¡mamá!, en el colegio me dicen "jabón en polvo".
- No te preocupes, Ariel.

[1] mariscos: *Meeresfrüchte*

E 4 ***Vamos al súper***

1. Lee el chiste de Maitena, usa el diccionario y escribe una lista de las cosas que la ponen nerviosa cuando va al supermercado. ¿Y a ti? ¿Qué te pone nervioso/a?

2. Escribe una lista con todo el vocabulario relacionado con supermercado.

E 5 ***La frase***

Lee y traduce.

"Cuando el pescado entra en casa de un pobre, uno de los dos está malo."

Ramoncín, cantante español

Paso 2

E 1 ***A ver, necesito medio kilo de tomates ...***

Quieres preparar tu plato preferido. Escribe una lista de los alimentos que necesitas y cuánto necesitas. Después lee en voz alta. Tus compañeros van a adivinar qué es. ¿Sabes si existe este plato en español? Mira en el diccionario.

E 2 ***A comparar***

Completa con más ... que, menos ... que, tan ... como, tanto/a/os/as ... como.

1. La paella de mi madre es ____________ rica ____________ la de Pili.
2. El supermercado Eco es ____________ barato ____________ el Toro.
3. Las peras son ____________ caras ____________ las manzanas.
4. El ajo tiene ____________ vitamina C ____________ las naranjas.
5. El Doctor Bernardino es ____________ simpático ____________ el doctor Pierino.
6. Sí, y además trabaja ____________ ____________ él.
7. El dependiente gana ____________ ____________ el camarero.

E 3 ***Más comparaciones***

Completa las frases con la palabra que falta.

1. Tenemos ____________ horas de lengua ____________ en otras escuelas.
2. Siempre almuerzo ____________ temprano ____________ mi hermana.
3. Nuestro equipo de fútbol es ____________ ____________ el vuestro.
4. Nunca jugamos ____________ ____________ dos partidas de mus[1].
5. Algunos estudiantes tienen ____________ problemas ____________ yo.
6. Este tema es ____________ difícil ____________ el otro.
7. En Estados Unidos hay ____________ personas que hablan español ____________ en muchos países de Latinoamérica.

E 4 ***¿Dónde falta el acento?***

1. Mira, Juana, esos zapatos parecen muy buenos.
2. Esta mañana Pedro ha ido a la compra.
3. Esos tomates son muy caros. Déme un kilo de esos.
4. Aquella tienda es más barata, pero esta es mejor.

[1] mus: *un juego de cartas*

E 5 *Un chiste*

Lee y traduce.

PASEANDO CON EL NIÑO

-¡Manolo! Este no es nuestro niño.
-No grites. Ya lo sé, pero el cochecito es mejor que el nuestro.

Luisa Mir. Barcelona

no grites: *schreie nicht*
cochecito: *Kinderwagen*

Paso 3

E 1 *Por y para*

1. Traduce.

1. Sie kauft ein Kleid für 14 Euro.
2. Dieses Geschenk ist für deine Mutter.
3. Amnesty International (Amnistía Internacional) kämpft (lucha) für die Menschenrechte (derechos humanos).
4. Wir müssen den Garten für das Frühjahr vorbereiten.
5. Der Bus nach Alcalá fährt um 20.30 Uhr ab.
6. Er macht es wegen des Geldes.
7. Hier hast du das Geld für den Einkauf.
8. Sollen wir ihn anrufen?
9. Laufen wir durch den Park, es ist schneller.
10. Möchtest du durch die Stadt spazieren (dar una vuelta)?
11. Dienstagnachmittags habe ich Yoga.

2. Relaciona las frases de a. con las siguientes funciones:

Angabe eines Grundes
Preisangabe
In der Bedeutung „zugunsten von"
Ungefähre Ortsangabe oder Angabe eines Durchgangsortes
Zeitangaben
Bei Kommunikationsmitteln
Ziel oder Zweck
Termin- oder Fristangabe
Adressat
Zielort

*3. ¿Cuándo usas **para** y cuándo usas **por**? Escribe una regla.*

E 2 ***Más "para" y más "por"***

Completa.

1. A La Coruña se llega más rápidamente ____________ la autopista[1].
2. No voy a pagar tanto dinero ____________ unos zapatos.
3. Viajamos a Madrid en avión ____________ tener más tiempo allí.
4. ____________ muchas personas las vacaciones son el momento más importante del año.
5. Tengo que ir a las montañas ____________ mis padres. Yo prefiero la playa.
6. María vive ____________ aquí, pero no sé exactamente dónde.
7. Aquí hay un paquete ____________ usted, Sr. Miralles.

E 3 ***¿Hay un supermercado cerca de aquí?***

Escucha el CD y marca el dibujo correspondiente.

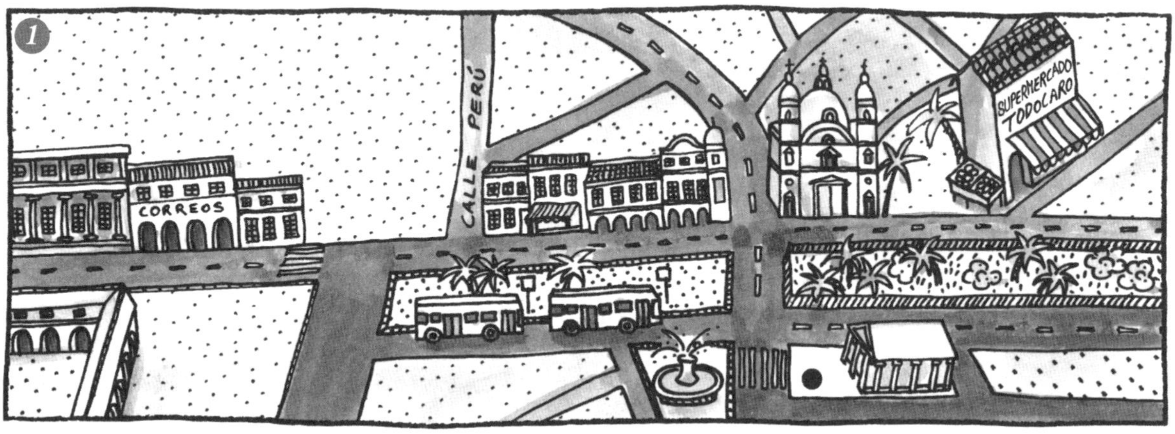

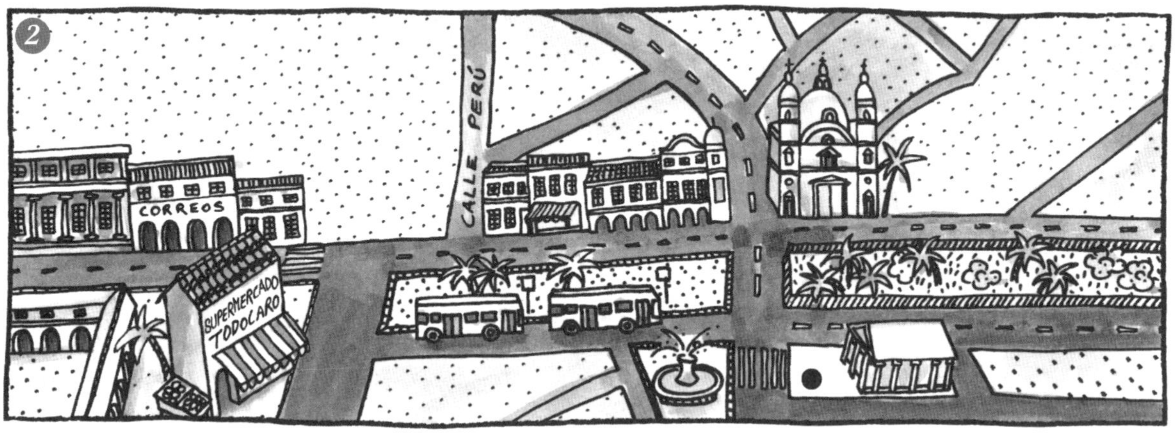

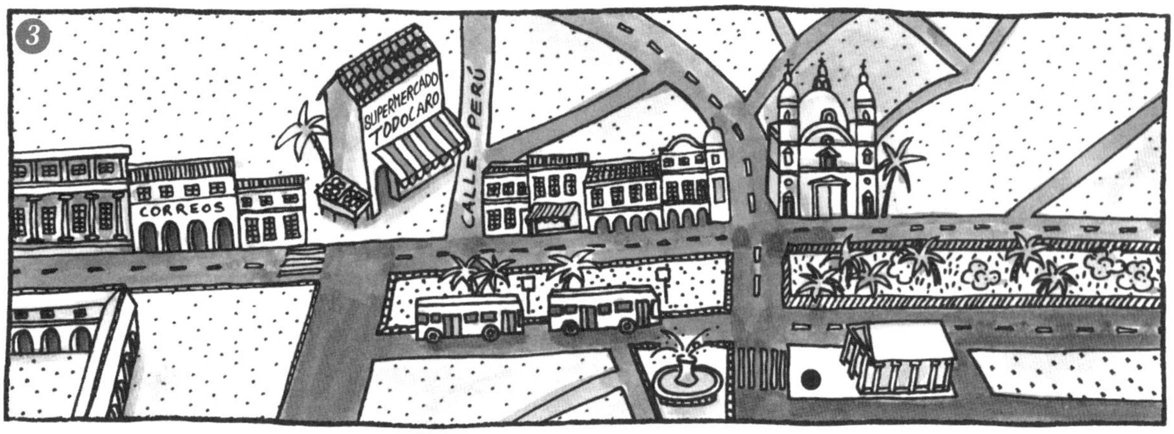

[1] autopista: *Autobahn*

E 4 *¿Cómo se dice en español?*

Escribid este diálogo entre dos amigos.

A: Du fragst deinen Freund, ob er morgen Nachmittag zu dir kommen möchte.
B: Du bist einverstanden, aber du weißt nicht, ob du mit dem Bus, Taxi oder zu Fuß (a pie) gehen sollst.
A: Du sagst, es sei besser mit dem Bus. Du erklärst, welche Linie dein Freund nehmen, wo er aussteigen und wie er dann zu dir kommen soll.
B: Dein Freund sagt, es sei sehr schwierig.
A: Du widersprichst ihm, wiederholst die Erklärung, und sagst genau, wie die Straße heißt und welche Nummer dein Haus hat.
B: Jetzt fragst du, um wie viel Uhr du kommen sollst.
A: Du sagst eine Uhrzeit.
B: Du bist einverstanden und verabschiedest dich.

E 5 *¿Cómo lo ves?*

Relaciona pares de cosas y explica por qué.

E 6 *Un chiste*

Busca en el diccionario las siguientes palabras: **borracho – timbre – tocar el timbre.**
Ahora lee y traduce.

Dos borrachos se encuentran en la calle y uno le dice al otro:
- Oiga, ¿sabe que yo todavía quiero beber otra cerveza?

El otro contesta:
- Yo también. ¡Vamos a mi casa! Está aquí en la esquina.
- Pero, no puede ser, yo vivo en la esquina.
- No, yo vivo en la esquina.
- No y no. La casa de la esquina es mi casa.
- Bueno, vamos a tocar el timbre y ver quién vive allí.
- ¡Vale!

Los dos borrachos tocan el timbre, sale una mujer y dice:
- ¡Pero, qué bien! ... ¡Padre e hijo borrachos!

E 7 *La frase*

Lee y traduce.

"No hay perfección sin esfuerzo. Los mediocres jamás cosechan rosas por temor a las espinas."
José Ingenieros, filósofo argentino

Sobre gustos y colores nada opinan los doctores

Paso 1

E 1 ***Ensalada de ropa***

Busca siete palabras relacionadas con la ropa.

M	A	R	B	O	G	I	S	M
C	I	A	Y	E	G	O	I	M
A	H	M	C	X	U	X	I	A
A	P	A	N	T	A	L	O	N
A	P	J	Q	C	N	A	M	O
A	B	I	S	U	T	O	O	P
A	B	P	I	A	E	O	D	L
A	S	T	B	E	S	R	E	A
S	E	F	A	L	D	A	S	S

E 2 ***Les falta algo***

Completa las frases con los pronombres que faltan.

1. ____________ pido dinero a mis padres para el fin de semana.
2. Voy a mandar ____________ una postal a mi prima.
3. ____________ doy un café a Manu.
4. Voy a preguntar ____________ algo al profe.
5. ____________ quiero comprar chocolates a los niños.
6. – ¿Puedes dar ____________ el bolígrafo un momento, por favor?
   – Claro, ahora ____________ lo doy.

E 3 ***Ensalada de pronombres***

Cambia las palabras subrayadas por pronombres.

1. Les doy las cartas a mis amigos.
2. Paco le pide los apuntes a Teresa.
3. Ella te escribe una carta a ti.
4. El profesor le escribe una nota a los padres de Susi.
5. No le dice la verdad a sus padres.
6. Mis tíos les dan dinero a mis abuelos.

E 4 *¿A quién se lo regalo?*

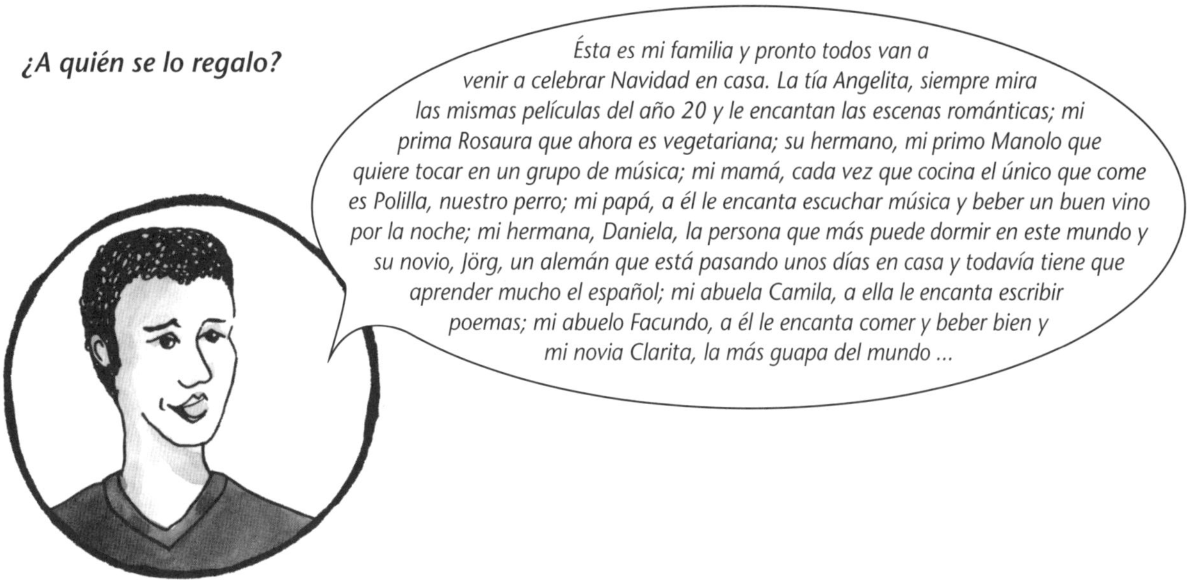

Construye frases como el modelo.
Modelo: El diccionario, **se lo** regalo a Jörg.

E 5 *Ahora tú solo/a*

Escribe un pequeño diálogo usando todas estas palabras:

ahí - azul - bonito - cliente - cortina - grande - jersey - probarse

E 6 *A mí me gusta hablar en español*

Completa las siguientes frases con las palabras que faltan como el modelo.

Modelo: María/parecer/horrible/nuevo trabajo

A María le parece horrible su/mi/tu ... nuevo trabajo.

1. (Yo)/interesar/problemas actuales
2. Mis padres/gustar/el teatro
3. ¿Tus amigos/parecer simpático/tu novio?
4. Mi compañera/encantar/hacer deporte
5. Mucha gente/gustar mucho/bailar salsa
6. Mi madre/no gustar/probarse ropa
7. (Yo)/encantar/hablar/español

E 7 *Un chiste*

Lee y traduce.

- ¡Mamá, mamá! ¿En que mano va este guante?
- En la derecha
- ¿Y el otro?

E 8 *La frase*

Lee y traduce.

"Mi profesión es ser libre." *George Sand (1804–1876), escritora francesa*

Paso 2

E 1 *El color y la personalidad*

Escribe las palabras que están incompletas.

Moria

Mi color pref__________ es el verde ... no sé si es pa__________ de mi personalidad, pero me gu__________. También soy una persona tr__________ y me enc__________ estar en contacto con la nat__________.

Estefanía

A mí me enc__________ el negro y el azul. Cada color tiene su sig__________ y la verdad es que soy un poco mel__________, pero sólo un p__________.

Jazmín

A mí me gusta el bl________ para todo. Pi________ que la personalidad tiene muc________ que ver[1] con el color que te gusta. En general la ge________ que es muy al________ prefiere los colores cl________, las niñas más peq________, el rosa. Si es una persona sil________ va a preferir el ne________. Se di________ que si te gusta el rojo es porque eres agr________ y si pref________ el am________ eres opt________. Yo cr________ que es verdad.

Irene

Me encanta el rojo, pero para la no________ prefiero el ne________ porque es más ele________. No me gusta nada el g________, es un color muy tr________. No sé si los colores forman pa________ de la personalidad, pero creo que eso pasa con todo lo que nos gu________.

E 2 ***Definiciones***

1. Intenta hacer definiciones de las siguientes palabras como el modelo.

Modelo: **la duda:** tienes esto cuando no sabes si hacer una cosa o no.

la luz - la naturaleza - el oro - la sangre - el otoño - realista - la paz - el silencio - llorar

2. Lee tus definiciones a tu compañero/a. Él/Ella va a adivinar qué es.

E 3 ***Un chiste***

Lee y traduce.

La profesora pregunta a Jaimito:

- Jaimito, ¿cómo se llama el animal que cambia de color?
- Semáforo, señorita.

[1] tiene mucho que ver con ... : *hat viel zu tun mit ...*

Paso 3

E 1 *No entiendo nada*

1. Ordena el siguiente diálogo.

1. *Victoria:* ¿Quieres verla? Aquí está el salón. Las mesas y las sillas son de mi abuela, bastante antiguas. Y la lámpara también.
2. *Victoria:* Mira, a la izquierda está la cocina. Es un poco pequeña, pero es igual porque yo casi nunca cocino. Al final del pasillo hay tres dormitorios.
3. *Victoria:* Sí, ésta es mi casa.
4. *Victoria:* Al lado[1] del dormitorio más grande.
5. *Victoria:* Sí, parece antiguo, pero es moderno. Es un regalo de mi madre.
6. *Ulises:* ¿Y el espejo? También es muy antiguo.
7. *Ulises:* ¡Qué grande y qué bonita es!
8. *Ulises:* La verdad, me encanta tu casa.
9. *Ulises:* ¿Y las otras habitaciones?
10. *Ulises:* ¡Guau! ¡Tres! ¿Y el baño? ¿Dónde está?
11. *Ulises:* ¿Aquí vives?

2. Comprueba escuchando el diálogo en el CD

E 2 *Buscamos un piso*

1. Lee el siguiente diálogo entre Yolanda, su marido Zoilo y el empleado de la inmobiliaria "Casalinda"

Empleado: Miren, éste es el piso, es bastante grande. Aquí tenemos el salón, con muchas ventanas y mucha luz, claro. A la derecha están los dormitorios y a la izquierda el cuarto de baño.
Yolanda: ¿Cuántos dormitorios tiene?
Empleado: Uno grande y dos más pequeños.
Zoilo: Bueno, nosotros necesitamos solamente dos dormitorios, no tenemos niños.
Yolanda: Bueno, pero el otro se puede usar como trastero.
Empleado: Claro. Un trastero en la casa siempre es importante.
Zoilo: Y la cocina, ¿dónde está?
Empleado: Aquí, al lado del salón.
Yolanda: ¡Qué moderna! ¿Te gusta, mi amor?
Zoilo: Muy bonita, muy bonita, pero ¿cuanto cuesta el alquiler[2]?
Empleado: ¡Una ganga[3]! Solamente 1.400 Euros.
Yolanda y Zoilo: ¡¿Cuánto?!

2. Escribe el anuncio de la inmobiliaria "Casalinda" para el periódico de este piso.

____

____

____

____

____

[1] al lado de: *neben* [2] el alquiler: *Miete* [3] ganga: *Schnäppchen*

E 3 *¿La compro?*

Unos amigos que tienen cuatro hijos quieren comprar una casa y te la describen.

"Creo que encontramos la casa ideal", dicen Chichita y Daniel, tus amigos:
La casa tiene 200 m^2 y un gran jardín. Está en el campo, a 30 km de la ciudad. Tiene piscina[1]. La casa más próxima está a 300 m. Tiene una chimenea en el salón. No tiene sótano. El precio es muy bueno.
Tú eres bastante realista y también un poco pesimista y ves algunos problemas.

1. Tu compañero/a es uno de tus amigos y te habla de la casa.
Tú tienes que decir los problemas que ves.
2. Escribid una lista con las ventajas y las desventajas.
3. ¿Qué crees? ¿Compran tus amigos la casa?

E 4 *En castellano, por favor*

Traduce.
Yolanda und Zoilo besuchen ein Haus, das sie mieten (alquilar) möchten. Der Angestellte des Immobilienbüros zeigt (muestra) ihnen das Haus.

Angestellter:	Ich werde es Ihnen zeigen (mostrar).
Yolanda:	Oh! Das Haus hat einen Garten, Zoilo. Das gefällt mir schon.
Zoilo:	Und eine Garage!
Yolanda:	Aber, wir haben kein Auto ...
Angestellter:	Hier rechts sind die Schlafzimmer. Zwischen dem kleinen Zimmer und dem großen ist das Bad. Dem Eingang gegenüber liegt das Wohnzimmer. Neben dem Wohnzimmer ist die Küche. Eine ziemlich große Küche, wie Sie sehen.
Yolanda:	Toll! Und diese Tür?
Angestellter:	Das ist der Eingang zum Keller.
Zoilo:	Das Haus ist perfekt. Wir haben noch keine Kinder. Das kleine Zimmer kann ich für den Computer benutzen.
Yolanda:	Ich schaue jetzt den Garten an.
Zoilo:	Was kostet das Haus im Monat?
Angestellter:	Ein Schnäppchen! Nur 1350 Euro im Monat.
Zoilo:	Glup!

E 5 *Un chiste*

Lee y traduce.
Un señor va al oculista y dice:
- Doctor, doctor, tengo un problema. Veo doble.
- A ver. ¿Puede sentarse en el sofá? Lo voy a revisar.
- ¿En cuál? ¿En el de la derecha o en el de la izquierda?

[1] piscina: *Schwimmbecken*

Viajando

Paso 1

E 1 ***Ayer fue un día genial ...***

1. Lee el siguiente texto:

Llego a mi casa del colegio y cuando abro la puerta saludo a mis padres, busco mi móvil y encuentro un SMS de Julián. Lo leo y salto de alegría[1]. Julián me escribe: a las nueve bar "Titín". Llamo por teléfono a Elena, mi mejor amiga, y hablamos media hora. Después hago los deberes, voy a casa de mi tía y vuelvo a las seis. Me ducho, me lavo el pelo, me decido por[2] los vaqueros nuevos y la camisa blanca. Me miro en el espejo y me cambio otra vez. Cambio la camisa por el jersey verde manzana. Mejor. Tomo la bici y voy al bar, entro y lo primero que veo es un millón de dientes blancos: la sonrisa de Julián.

2. Ahora escribe el texto en pasado. Empieza con el título del ejercicio.

E 2 ***En primer lugar ...***

Busca y ordena los sinónimos.

en primer lugar - luego - primeramente - finalmente - en último lugar - para comenzar - en segundo lugar - por último - después - primero de todo - a continuación

1°: ____________________

2°: ____________________

3°: ____________________

E 3 ***Mis últimas vacaciones***

Escribe un texto sobre tus últimas vacaciones. Usa el vocabulario de E 2.

E 4 ***¿Cómo se dice?***

Traduce.

1. Ich habe Madrid vor einigen Jahren besucht.
2. Deine Schwester hat vor einem Augenblick angerufen.
3. Er ist vor einer halben Stunde hier gewesen.
4. Vor einer Woche waren wir bei Tante Pepi.
5. Ich habe meine Arbeit vor drei Tagen beendet.
6. Verónica hat mich vor fünf Minuten angerufen.
7. Mein Vater ist vor fünfzehn Minuten zurückgekommen.

E 5 ***Dime cuándo, cuándo, cuándo ...***

Contesta las siguientes preguntas con frases completas. Después hazle las preguntas a tu compañero/a.

1. ¿Cuál fue la última fiesta en la que estuviste?
2. ¿Cuándo fue la última vez que fuiste al cine? ¿Qué viste?
3. ¿Cuál fue la última ciudad que visitaste?
4. ¿Cuándo fue la última vez que cocinaste?
5. ¿Cuándo fue la última vez que fuiste al teatro? ¿Qué viste?
6. ¿Cuál fue el último museo que visitaste?
7. ¿Cuándo y dónde fue la última vez que te alojaste[3] en un hotel?
8. ¿Cuál fue el último libro que leíste?
9. ¿Dónde pasaste tus últimas vacaciones?

[1] alegría: *Freude* [2] decidirse por: *sich entscheiden für* [3] alojarse: *sich einquartieren*

E 6 ***Ensalada de preguntas***

Escribe preguntas como el modelo.

Modelo: Ayer Enrique dejó su mochila en casa de Lisa.
1 2 3 4

1. ¿**Cuándo** dejó Enrique su mochila en casa de Lisa?
2. ¿**Quién** dejó ayer su mochila en casa de Lisa?
3. ¿**Qué** dejó Enrique ayer en casa de Lisa?
4. ¿**Dónde** dejó Enrique ayer su mochila?

a. Los Gómez comieron el fin de semana pasado una buena paella en un restaurante.
b. Julia pasó sus últimas vacaciones en Mallorca con sus abuelos.
c. Manuel volvió a las seis de la universidad y tomó un café con su madre.
d. Alfredo bailó toda la noche con Pía en la fiesta del colegio.

E 7 ***Yo también***

Escribe frases como el modelo.

Modelo: Ayer por la tarde Estefanía fue al centro.
Yo también fui al centro. / Yo no fui al centro.

1. Ayer por la mañana Estefanía fue al colegio.

___

2. Ayer por la tarde Estefanía practicó hockey.

___

3. La semana pasada cantó en una fiesta del colegio.

___

4. El sábado por la noche bailó en una discoteca.

___

5. El domingo por la mañana desayunó con su familia.

___

6. En el desayuno tomó un té con leche.

___

7. Ayer por la noche hizo sus tareas de español.

___

E 8 ***Un chiste***

Lee y traduce.

Dice la profesora a Jaimito:
- Jaimito, si digo "fui rica" es pasado. Si digo "soy hermosa", ¿qué es?
- Fantasía, señorita, fantasía.

Paso 2

E 1 ***Después de la lluvia siempre sale el sol***

1. Completa.

infinitivo	3ª persona singular presente	sustantivo	adjetivo
llover			
nevar			
tronar			

2. Escribe frases para usar estas palabras.

E 2 ***Hace muy buen tiempo***

Completa con ***muy/mucho****.*

1. El tiempo es ______________ malo.
2. Hoy hace ______________ mal tiempo.
3. En verano hace ______________ calor.
4. En Finlandia hace ______________ frío a veces[1] en verano.
5. Hoy hace un día ______________ soleado[2].
6. Es ______________ temprano para levantarse.
7. En marzo a veces llueve ______________
8. Hace ______________ viento para ir a la playa.
9. En diciembre las mañanas son ______________ frías.

E 3 ***Fechas***

1. Lee en voz alta estas fechas:

04.07.2006
26.11.1956
05.06.1979
06.04.1982

2. Escribe unas fechas más. ¿Significan algo especial para ti esas fechas?

E 4 ***Curiosidades***

Lee el siguiente texto y escribe o explica en alemán lo que entiendes, sin usar el diccionario. Después controla con el resto del grupo y el profesor si tu interpretación es correcta o no.

La última fecha con todos los dígitos impares ya pasó. Fue el 19.11.1999. Además ésta fue la fecha con todos los dígitos impares de nuestras vidas, ya que la próxima será el 01.01.3111. La última fecha con todos los dígitos pares fue el 02.02.2000 y antes de ésta había sido el 28.08.888.

¿Dónde estuviste en el último momento impar? Es decir el 19.11.1999 a las 11:59:59 p.m.

E 5 ***En julio tenemos vacaciones***

¿En qué mes haces/pasan estas cosas? Escribe frases completas.

celebrar la Navidad – celebrar Año Nuevo – empezar las clases – celebrar el día de San Valentín – nacer las flores – terminar el verano – terminar el invierno – celebrar mi cumpleaños – nevar – ir a la playa – ponerse los árboles amarillos o marrones – ir a esquiar

[1] a veces: *manchmal* [2] soleado: *sonnig*

E 6 ***Me encanta viajar***

Completa con todas las respuestas posibles. Después compara con tus compañeros.

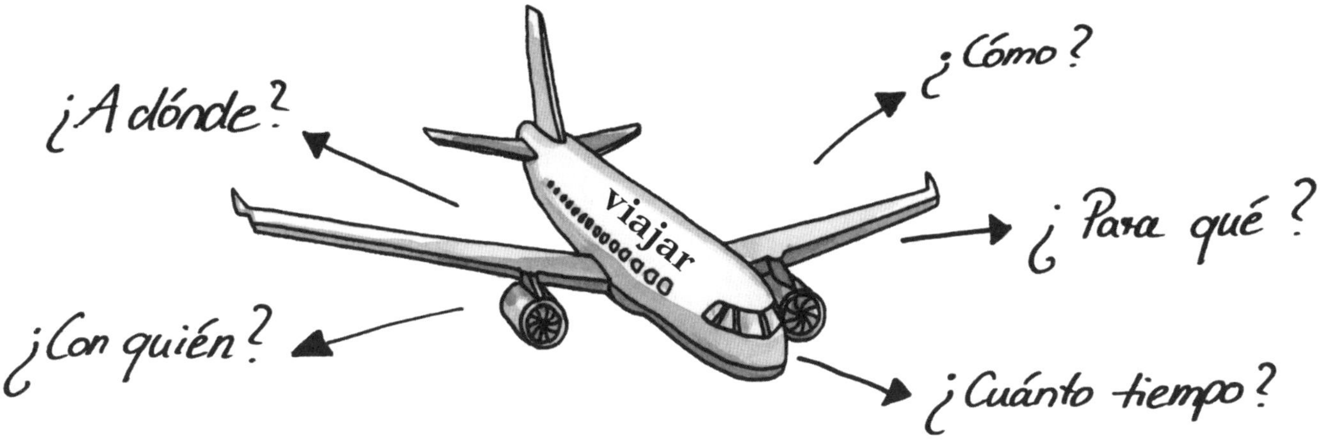

E 7 ***Telegramas***

Imagina quiénes escribieron estos telegramas, a quiénes y en qué situaciones.

Todo bien. Puedes venir el fin de semana. Te amo. Jacinto

¡Enhorabuena! Un abrazo Juanita y Toni

Tuve un accidente. Estoy en Marbella. Vuelvo a trabajar en quince días. Saludos. Palmiro Fernández

Cancelo el viaje. Gato enfermo. Voy a llamarte. Un abrazo, Chochi

Cuarta vez que no viene a trabajar. No necesita volver. Otra persona en su puesto. Sr. Hierro, jefe de personal

Perdí dinero y documentos. Ayuda. Hotel "La Tranquila". Gran Canaria. Gracias. Pedro

E 8 ***Un chiste***

Lee y traduce.

- Jaimito, tienes que decir una palabra que empieza por "d".
- Ayer.
- Ayer empieza por "a" y no por "d". -dice la profesora.
- Es que ayer fue domingo.

Paso 3

E 1 ***¿Dónde está mi maleta?***

Llegas en avión a Madrid pero falta tu maleta. Tienes que ir a una oficina en el aeropuerto y explicar tu problema. El empleado va a preguntarte cómo es exactamente tu maleta. Descríbela.

Tú	**Empleado/a**
______________________	Buenas tardes. ¿Puedo ayudarlo/la?
______________________	¿De dónde viene usted?
______________________	¿Es sólo una maleta?
______________________	¿De que color es?
______________________	¿Y el tamaño[1]?
______________________	¿De qué material?
______________________	¿Es de alguna marca?
______________________	¿Tiene algo especial para identificarla?
______________________	¿Tiene una etiqueta con su nombre?
______________________	Bueno, voy a escribir su dirección y su teléfono para mandarla a su casa.

[1] tamaño: *Größe*

Vocabulario importante:
de cuero: *aus Leder* – de plástico: *aus Plastik* – tiene ruedas: *er hat Räder*

E 2 ***En el hotel***

1. Mira las siguientes palabras. ¿Cuáles relacionas con el título?
habitación individual – aeropuerto – ducha – taxi – pasaporte – llave – calles – vuelo – desayuno incluído – avión – precio – baño

2. ¿Qué preguntas son importantes si vas a una pensión u hotel? Escribe todas las que puedas.

3. Hazle las preguntas a tu compañero/a: uno es recepcionista, el otro, cliente.
4. Pensad juntos en otras palabras importantes relacionadas con el tema "hotel".

E 3 ***Un lugar maravilloso***

1. Lee el siguiente texto.

El archipiélago balear está formado por cuatro islas principales como son Mallorca, Menorca, Ibiza y Formentera, además de cientos de islotes como Cabrera o Conejera.
El grupo está formado por 11 islas localizadas en el Mar Mediterráneo, al este de la costa española y en línea con Valencia. En el punto más cercano, las islas están a 88 km de la Península. De todo el archipiélago balear, Mallorca es la isla principal.

Mallorca es también la más grande de las Islas Baleares, cubriendo casi un 80 % del archipiélago. La población total de las islas es de 676.000 habitantes. De ellos, aproximadamente 379.000 viven en la capital, en Palma de Mallorca. Se trata de una capital tanto económica como culturalmente muy rica.

La población de Mallorca incluye un porcentaje de extranjeros, principalmente de origen alemán e inglés, que han sido capturados por el encanto de la isla.
En 1978 las Islas Baleares se unieron a las 17 comunidades autónomas españolas restantes.

2. Busca más información sobre las islas Baleares y completa el texto anterior.
3. Busca en el mapa los lugares de los que se habla en el texto.
4. Describe tu isla ideal.
5. Imagina que quieres hacer un texto publicitario para tu isla ideal. Piensa en un eslogan (slogan) y en un pequeño texto.

→

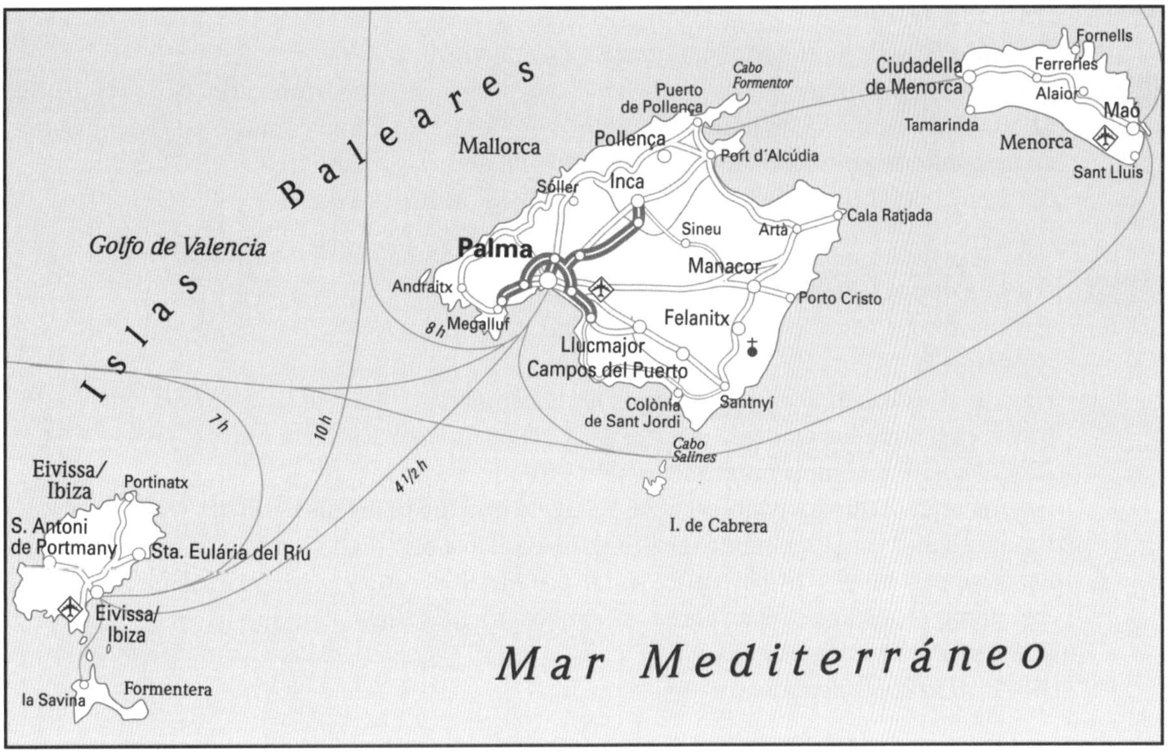

E 4 ***El fin de semana hizo mal tiempo***

Mira los dibujos y escribe frases como el modelo.

Modelo: 1. Dorita y Tina jugaron a las cartas.

2. Yolanda ______________________________. (preparar)

3. Emilio ______________________________. (quedarse)

4. Las chicas ______________________________. (escuchar)

5. Nicolás ______________________________. (ordenar)

6. Alicia ______________________________. (estudiar)

7. Yo ______________________________.

E 5 ***Ensalada de frases***

Combina las diferentes partes, completa y escribe frases.

Ayer		fue	en	supermercado	
El otro día[1]	Quique	llegó	a	universidad	y...
La semana pasada		estuvo	al	cine	
El viernes pasado		visitó	a la	su tía	

E 6 ***Los que nunca hacen nada ...***

1. Lee y traduce este texto. Usa el diccionario.

¿Conoces la historia de "los ciento trece" (113)?
Hay quienes hacen algo, hay quienes no hacen nada.
Hay tres (3) que hacen algo.
Hay diez (10) que dan conferencias sobre lo que hacen los tres (3).
Hay cien (100) que dan conferencias sobre lo que dicen los diez (10).
Entonces uno (1) de los ciento diez (110) le explicó a uno (1) de los tres (3) la manera de hacer algo. Ése, que era uno (1) de los tres (3), interiormente se enfadó (y exteriormente sonrió), pero no dijo nada. No estaba acostumbrado a hablar. Además tenía algo que hacer.

2. Recuerda el uso de ***hay****.*

3. Marca la doble negación.

E 7 ***Un chiste***

Lee y traduce.

Un señor le pregunta a una mujer muy guapa:

- ¿Ya conoce Mallorca?
- Sí, siempre vengo aquí de luna de miel.

E 8 ***La frase***

Lee y traduce.

"Vivimos en un mundo terrible. Una mitad del planeta muere de hambre y la otra de colesterol."
Jesús Quintero, periodista español

Paso 4

E 1 ***Viajando por el mundo: Burgos***

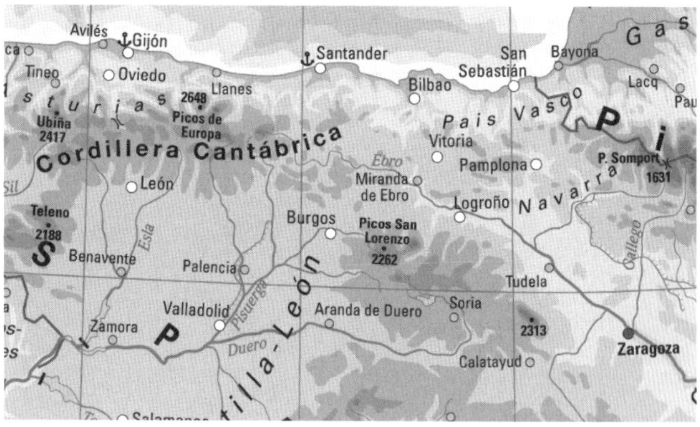

Completa el siguiente texto con las palabras que faltan:
a – antigua – catedral – famosa – grande – habitantes – lengua – lugares – parques – región – siglos – turistas

Burgos es una bonita ciudad en España. Está ________________ 240 km. de Madrid en la ________________ de Castilla y León. En la ciudad viven unos 170.0000 ________________. Es una ciudad ________________, no es muy ________________, por eso es posible visitarla a pie[2] →

[1] el otro día: *neulich* [2] a pie: *zu Fuß*

o en autobús. La ____________ que se habla aquí es el español, claro. Se dice que en Burgos se habla un español muy correcto y muy bonito.

No hay muchos ____________ en la ciudad, por eso es bastante tranquila y muy española.

Hay muchos ____________ para visitar cuando estás aquí, como la ____________ de Santa María, del siglo XIII. Su construcción necesitó tres ____________.

La casa del Cordón, en la Plaza Libertad, es del siglo XV y es muy ____________ porque aquí recibieron los Reyes Católicos a Colón cuando éste volvió de su segundo viaje a América.

También hay plazas muy bonitas y ____________ en la ciudad.

E 2 ***Viajando por el mundo: ¿dónde?***

Describe una ciudad que tú conoces. Utiliza el vocabulario del E 1. Después lee el texto en voz alta. Tus compañeros van a intentar adivinar qué ciudad es.

E 3 ***Tipos de transportes***

1. Habla con tu compañero. ¿En cuántas respuestas estáis de acuerdo?

	Tú	Tu compañero/a
1. ¿Cuál es el más caro?		
2. ¿Cuál es el más peligroso?		
3. ¿Cuál es el más barato?		
4. ¿Cuál es el que más te gusta?		
5. ¿Cuál es el más usado por los jóvenes?		
6. ¿Cuál es el más usado por los mayores?		
7. ¿Cuál es el más ecológico?		
8. ¿Cuál el menos?		
9. ¿Cuál es el que más se usa en tu familia?		

2. Compara ahora con el resto de la clase. ¿Cuál es el resultado?

E 4 ***¿Vamos en tren?***

Busca verbos para combinar con estas palabras.

tren: ir en tren, el tren **pasa por** Madrid,...

puerta: ____________________________

tomate: ____________________________ →

habitación: ____________________

maleta: ____________________

ducha: ____________________

E 5 ***¿Dónde estuviste el fin de semana?***

Escribe frases como el modelo.

Fábrica · Parque · Museo · Biblioteca · Zoológico · Música · Supermercado · Correo · Estación Atocha

Modelo: Juan: **Estuve** en una fiesta de cumpleaños. Mi amigo Marcos cumplió 18 años el sábado.
Jaime y Tomás: **Estuvimos** en el supermercado. Compramos cosas para nuestra madre.

1. *Carlos:* ____________________. Leo dos libros por semana.
2. *Miguel y Tato:* ____________________. Fue muy interesante. Nos gustan las cosas antiguas.
3. *Ana y Cecilia:* ____________________. Vimos muchos animales y pasamos una tarde divertida.
4. *Belén:* ____________________. Mi amiga Laura llegó en tren desde Puertollano y pasó el fin de semana con nosotros.
5. *Javier:* ____________________. Trabajo los sábados hasta las dos.
6. *Tadeo y Julio:* ____________________. Nos gusta correr allí por la mañana. Es muy tranquilo.
7. *Elenita:* ____________________. Compré el nuevo CD de Diego Torres. Me encanta.
8. *Esteban y Tito:* ____________________. Mandamos unas postales a nuestros padres.

E 6 ***Una tarde de toros***

A Graciela la invitaron[1] unos amigos para ir el próximo fin de semana a una corrida de toros, pero ella no sabe todavía si quiere ir o no. Fue a una biblioteca y en un libro de tauromaquia[2] leyó lo siguiente:

La corrida de toros existe desde hace muchos siglos. Primeramente fue una ceremonia sagrada para los días de festividades cristianas. Algunas se hacían en el interior de las catedrales. Las canonizaciones de santos, por ejemplo, se celebraban con una corrida.

[1] invitar: *einladen* [2] tauromaquia: *Stierkämpferkunst*

→

Hay muchos puntos de unión entre la religión y las corridas de toros: El paseíllo (paseo) que hace el torero con sus ayudantes es como la procesión de sacerdotes y monaguillos, hay momentos de la corrida en las que el torero se pone de rodillas, el triunfo sobre el animal es el triunfo del espíritu sobre la materia. El símbolo del evangelista San Marcos es un toro.
En una corrida de toros hay muchas reglas: El toro tiene que ser físicamente perfecto y debe morir de la forma menos dolorosa y digna posible. Los errores o poca destreza al matar son penalizados por el reglamento.
El animal entra salvaje y el buen matador debe saber domesticarlo, debe llevar al toro hacia él. El torero ama la bestia y conoce su psicología.
Desde 1962 existe un nuevo reglamento para las corridas y, según muchos españoles, un pueblo que crea leyes para matar a un animal no es un pueblo salvaje.

1. Escribe en alemán lo que entendiste. Puedes usar el diccionario para algunas palabras, pero no es necesario hacer una traducción exacta. Después compara con el resto del grupo.
2. ¿Qué piensas, va a ir Graciela a la corrida o no? ¿Por qué?
3. Si te invitan a una corrida, ¿tú vas o no? ¿Por qué?
4. ¿Qué piensas de la última frase del texto? ¿Estás de acuerdo? ¿Por qué?

E 7 ***Los toros en la lengua española***

Muchas palabras de la tauromaquia se encuentran en frases de la lengua española y se dicen casi sin pensar en su origen.
1. Lee las siguientes frases y busca el significado. Después comprueba con el resto de la clase.
Ponerse como un toro – ¡Cuidado, que viene el toro! – Estar entre los cuernos del toro – Hacer novillos – Viajar más que maleta de torero – Dar cornadas al viento – Ver los toros desde la barrera

1. Viajar mucho
2. Faltar a una obligación, especialmente los chicos a la escuela.
3. Quedarse en lugar seguro, lejos del peligro.
4. Estar en lugar o situación peligrosa.
5. Enfadarse mucho.
6. Advertir a otra persona de un peligro.
7. Esforzarse inútilmente por algo.

2. Piensa en algunas situaciones en las que una persona puede decir estas frases. Escribe diálogos.

E 8 ***Una postal***

Estás de vacaciones en México. Escribe una postal a tu mejor amigo/a y cuéntale lo que haces cada día, cómo es la comida, qué tiempo hace, cómo es el lugar donde estás, cómo es la gente ... y qué hiciste ayer, ... algo especial.

E 9 ***Un chiste***

Lee y traduce.

PREGUNTON

-Perdone, ¿a qué hora pasa el tren de Bilbao?
-A las 3.30.
-¿Y el rápido de Zaragoza?
-A las 4.50
-¿Y el de A Coruña?
-A las 7 en punto.
-¿Y el que para en Zamora?
-¡Pero bueno!, ¿es que va a coger usted todos los trenes o me toma el pelo?
-No, pero es que voy a cruzar la vía.

Francesc Serra/Tarragona

parar: *anhalten*
tomar el pelo: *auf den Arm nehmen*
la vía: *Bahngleis*

España, un país de contrastes

Paso 1

E 1 ***Traduce***

1. Ich kenne ihn seit kurzem.
2. Seit vielen Jahren wohnt meine Familie in dieser Stadt.
3. Sie kennen sich seit langer Zeit.
4. Seit mehreren Monaten arbeite ich nicht mehr mit Herrn Elorriaga.
5. Seit drei Monaten lernen wir Spanisch.
6. Seit einer halben Stunde telefoniert meine Schwester mit ihrem Freund.
7. Seit fünf Jahren kommen wir im Sommer nach Tarragona.

E 2 ***¿Dónde están las palabras que faltan?***

Lee el texto y después decide qué palabras faltan.
Esto es lo que escribió Adelita en su diario después de sus vacaciones:

Estaba (1) ______________ unos (2) ______________ en América del Sur. (3) ______________ exactamente doce (4) ______________ que salí de viaje. (5) ______________ fui a Chile y (6) ______________ estuve allí visité a unos amigos en Viña del Mar. (7) ______________ viajé por Argentina, Bolivia y Paraguay. (8) ______________ volver a Alemania (9) ______________ la (10) ______________ semana en Buenos Aires.

Fue un viaje muy interesante y (11) ______________ sin problemas serios. (12) ______________ un mes, (13) ______________ estaba en Paraguay, (14) ______________ mi pasaporte. Fui a la policía y dos días (15) ______________ me llamaron. Una señora (16) ______________ encontró en la calle. (17) ______________ ese día lo pongo en un lugar (18) ______________.

(19) ______________ cuatro días estoy (20) ______________ en casa. Estoy muy cansada. Creo que (21) ______________ voy a necesitar vacaciones.

(1) mientras – durante – desde
(2) meses – semanas – siglos
(3) desde – hace – antes
(4) minutos – horas – semanas
(5) primero – antes – después
(6) mientras – durante – porque
(7) fin – entonces – después
(8) antes – hasta – antes de
(9) fui – pasé – salí
(10) última – por último – final
(11) lamentablemente – por suerte – antes
(12) durante – desde – hace
(13) durante – como – cuando
(14) compré – comí – perdí
(15) luego – antes – más tarde
(16) lo – la – me
(17) hace – desde – entonces
(18) seco – seguro – bonito
(19) desde hace – antes de – desde
(20) una vez – otra vez – pero
(21) antes – temprano – pronto

E 3 ***Un chiste***

Lee y traduce.

La profesora pregunta a Jaimito:
- Jaimito, ¿qué hacía Robin Hood?
- Robar a los ricos.
- ¿Por qué?
- Porque los pobres no tenían nada.

Paso 2

E 1 ***Esto es lo que dicen las personas en La Nou.***

Completa el texto con las formas adecuadas de los verbos.

Soy Mireia Martí. ________ (vivir) y ________ (trabajar) en La Nou. ________ (tener) una peluquería unisex, es decir ________ (lavar) y corto el pelo a mujeres y hombres. También ________ (vender) champú y perfumes. La mayoría de mis clientes son de La Nou. Algunos ________ (venir) también de otros pueblos cercanos.

________ (ser) Joan, el panadero del pueblo, pero vendo pan también a supermercados en Torredembarra y a restaurantes y campings en la costa. ________ (hacer) también croasants, pasteles y tortas. Antes yo ________ (vivir) al lado de mi panadería, pero ahora ________ (vivir) en Tarragona. Allí hay más posibilidades para pasar el tiempo libre.

Soy maestra. La escuela de La Nou ________ (ser) muy pequeña.
Hace veinte años, teníamos más alumnos, porque ________ (haber) más familias y más niños y jóvenes en el pueblo. Hoy día la escuela puede existir todavía, porque en La Nou ________ (vivir) unas familias extranjeras. Algunas ________ (ser) de Argelia y ________ (haber) también tres familias marroquíes. El 40 % de mis alumnos son de origen norteafricano, pero aquí esto no ________ (ser) ningún problema. ________ (integrarse) fácilmente.

Me llamo Álvaro. Soy de Andalucía, pero mi mujer es catalana, de La Nou. ________ (ser) carnicero. Nuestra carnicería es al mismo tiempo un pequeño supermercado. ________ (vender) carne, jamón, salchichas, bebidas, verdura, queso, leche, pues ... todo lo que la gente ________ (necesitar) aquí.

Yo ________ (llamarse) Josep. Mi finca está detrás de la iglesia. Cuando yo ________ (ser) joven, mi padre, mis hermanos y yo ________ (trabajar) en los campos. ________ (ser) una familia grande.
Ahora me quedé yo solo. Yo mismo ________ (hacer) casi todos los trabajos. Pero con máquinas modernas, los trabajos se hacen más rápidamente, y también más fácilmente. Durante la cosecha empleo a algunos trabajadores. Muchos de ellos ________ (ser) inmigrantes de África del Norte.

Soy Pere Moliner. Soy médico. Trabajo en varios pueblos de la provincia de Tarragona. Los lunes y los miércoles __________ (estar) aquí, en La Nou. De nueve a doce de la mañana los lugareños __________ (poder) venir a mi consulta. Antes yo __________ (trabajar) en un hospital en Lleida, pero no me gustaba mucho. A mí me gusta más trabajar con la gente de los pueblos.

Soy Fatme. Tengo 17 años. Mi familia y yo __________ (vivir) aquí desde hace cuatro años. Mi padre trabaja en un taller mecánico y yo __________ (hacer) la limpieza en algunas casas en el pueblo, pero quiero aprender un oficio más interesante. Mi hermano también busca un puesto de trabajo, pero no __________ (encontrar) ninguno. Antes vivíamos en Marruecos. __________ (tener) una vida diferente, sobre todo las mujeres. Yo no __________ (poder) vestirme como las chicas en Europa, por ejemplo.

Yo no soy de La Nou. Tengo una casa de vacaciones aquí. Hasta los años setenta, esta casa era la granja de mi abuela. Yo venía regularmente a La Nou con mi familia. Vivíamos en Zaragoza, pero __________ (pasar) casi todos los fines de semana aquí. Cuando yo __________ (ser) niño, me gustaba estar con la abuelita en el pueblo. Más tarde, desde los 14 años en adelante, ya no me __________ (gustar) tanto. Me aburría sin mis amigos. Ellos __________ (estar) en Zaragoza y en el pueblo no había ningún cine, ninguna discoteca ...

Hoy día me gusta mucho estar unos días en este pueblo. Puedo trabajar tranquilamente, leer, pasear por los campos ... Además, en La Nou no me pueden molestar fácilmente, porque sólo mi familia y algunos amigos __________ (conocer) el número de mi teléfono de aquí.

E 2 ***En La Nou siempre hace sol***

Relaciona las siguientes palabras con las estaciones del año.

el verde - el hielo - el helado - las vacaciones - el marrón - las flores - las tormentas - bajo cero - los resfríos - la playa - las cerezas - el gris - esquiar - el blanco - el fuego - las gafas de sol - el mar - las excursiones

primavera	**verano**	**otoño**	**invierno**

E 3 ***Un chiste***

Lee y traduce. ¿cómo traduces ***desde****? Compara con* ***¡Ojo!****, Etapa 8, Paso 2.*

Un señor va al doctor:

- Doctor, no puedo dormir desde que mi mujer se fue de casa.
- ¿La extraña[1] mucho?
- ¡No!
- ¿Y entonces?
- Es que se llevó[2] la cama.

[1] extrañar: *vermissen*

[2] llevarse: *mitnehmen*

E 4 ***La frase***

Lee y traduce.

"Yo escribo para quienes no pueden leerme. Los de abajo, los que esperan desde hace siglos en la cola de la historia, no saben leer o no tienen con qué."

Eduardo Galeano, escritor y periodista uruguayo.

Paso 3

E 1 ***Más – mente***

Modelo:

El piso es lujoso. Mario vive **lujosamente**.

El empleado es amable. El empleado saluda **amablemente**.

Ahora continúa tú con más frases.

E 2 ***Un chiste***

Lee y traduce.

- ¡Doctor! ¡Me está sacando una muela de oro!
- Pues, claro, ¿para que quiero yo una normal y con caries?

Paso 4

E 1 ***Todo tiene su lado positivo y su lado negativo***

1. Lee esta lista de expresiones. ¿Cuáles puedes usar para decir que tú piensas algo diferente?

Sí, pero ... - Claro que sí - No estoy de acuerdo - No veo claro cómo ... - Tienes razón - En parte tienes razón, pero ... - Hay que decir que ...

2. Lee el diálogo del libro entre Neus, su madre y Conchi del Paso 4 y formula frases como la del modelo. Usa las expresiones de 1.

Modelo: Claro que en Tarragona la vida no es tan tranquila como en el pueblo pero no puedes tener todo.

E 2 ***¿Qué dices?***

¿Que dices en estas situaciones? Elige una respuesta.

1. Una persona te dice que tú eres guapo/a, inteligente y simpático/a.
a. En parte tienes razón, pero mi hermano dice lo contrario.
b. ¿Tú crees?
c. Gracias, pero soy muy antipático/a.

2. Un turista te pregunta si sabes dónde está la parada de autobús.
a. Lo siento, no sé qué es una parada de autobús.
b. Lo siento, pero no soy de aquí.
c. Tienes razón, viajar en autobús es más ecológico.

3. Tu profesor te dice que tienes que estudiar más.
a. No estoy de acuerdo, prefiero jugar al fútbol.
b. Tiene razón, mis notas no son nada buenas.
c. ¿Qué significa estudiar?

4. Tu mejor amiga/o te dice que eres un tonto/a[1].
a. Bueno, pero hay que decir que tú también.
b. ¿Por qué me dices eso?
c. Claro que sí.

[1] tonto/a: *Dummkopf*

E 3 ***Una canción: Pueblo Blanco por Joan Manuel Serrat***

1. Subraya en el texto de la canción todas las palabras que se refieran al tema "pueblo".
2. Después de una lectura global, ¿cómo puedes describir el pueblo de la canción?
3. Intenta escribir en pocas frases un resumen del tema de la canción.
4. ¿Qué relación encuentras entre esta canción y el tema de la Etapa?
5. Elige los versos que más te gustan. ¿Por qué?
6. Escucha la canción sin mirar el texto e intenta identificar algunas palabras. Escríbelas. Compara con tu compañero/a.
7. Escucha otra vez y lee. Si quieres, puedes cantar.

Colgado de un barranco
duerme mi pueblo blanco,
bajo un cielo que a fuerza de no ver nunca el mar,
se olvidó de llorar.
Por sus callejas de polvo y piedra
por no pasar, ni pasó la guerra,
sólo el olvido camina lento, bordeando la cañada,
donde no crece una flor
ni trashuma un pastor.
El sacristán ha visto hacerse viejo al cura,
el cura ha visto al cabo y el cabo al sacristán,
y mi pueblo después vio morir a los tres,
y me pregunto: porqué nacerá gente
si nacer o morir es indiferente.
De la siega a la siembra se vive en la taberna,
las comadres murmuran su historia en el umbral,
de sus casas de cal.
Y las muchachas hacen bolillos
buscando ocultas, tras los visillos,
a ese hombre joven
que noche a noche forjaron en su mente,
fuerte para ser su señor y tierno para el amor.
Ellas sueñan con él
y él con irse muy lejos,
de su pueblo y los viejos sueñan morirse en paz,
y morir por morir quieren morirse al sol,
la boca abierta al calor, como lagartos
medio ocultos tras un sombrero de esparto.
Escapad gente tierna
que esta tierra está enferma,
y no esperéis mañana lo que no te dio ayer,
que no hay nada que hacer.
Toma tu mula, tu hembra y tu arreo,
sigue el camino del pueblo hebreo
y busca otra luna,
tal vez mañana sonría la fortuna
Y si te toca llorar, es mejor frente al mar.
Si yo pudiera unirme a un vuelo de palomas,
y atravesando lomas dejar mi pueblo atrás,
juro por lo que fui que me iría de aquí,
pero los muertos están en cautiverio
y no nos dejan salir del cementerio.

E 4 *Una estadística*

Tasa de población sin estudios y analfabetos			
	Población con 10 años o más (miles)	Porcentaje: Sin estudios	Porcentaje: Analfabetos
Andalucia	5.930,2	12,9	6,8
Aragón	1.064,4	3,8	2,2
Asturias	990,0	2,0	0,9
Baleares	618,4	7,6	3,7
Canarias	1.287,2	9,2	4,7
Cantabria	468,1	2,0	0,8
Castilla-La Mancha	1.443,0	15,0	7,5
Castilla y León	2.265,0	3,7	1,8
Cataluña	5.406,3	6,8	3,3
Comunidad Valencia	3.385,3	9,0	4,2
Extremadura	918,5	12,3	7,7
Galicia	2.439,2	6,3	3,9
Madrid	4.358,3	5,3	2,0
Murcia	895,9	11,5	6,2
Navarra	460,3	2,2	1,2
Pais Vasco	1.893,1	2,6	1,1
La Rioja	235,5	3,1	1,5
Ceuta / Melilla	102,5	13,5	8,7
Total	34.161,3	7,8	3,9

1. ¿Qué significan las cifras en las tres rúbricas?
2. ¿En qué Comunidades autónomas hay
a. menos de 4%
b. entre 4 y 10%
c. más de 10%
de personas sin estudios?
3. ¿Puedes reconocer una relación entre el nivel de estudios de la población y las diferentes partes de España, por ejemplo el norte/el sur?

E 5 *Un chiste*

Lee y traduce.

El doctor le dice al paciente:

- Vamos a probar. Usted va a estar una semana sin beber a ver si mejora.
- ¿Por qué no hacemos al revés? Durante una semana bebo el doble a ver si me pongo peor ...

Mirando al sur: Argentina

Paso 1

E 1 ***Rompecabezas***

Este mapa representa la República Argentina. Pero es un mapa mudo, es decir, no tiene ningún nombre escrito.

Cada pieza de este rompecabezas es una de las veintitrés provincias que forman la República Argentina. Vas a encontrar veinticinco piezas porque dos corresponden a Antártida e Islas del Atlántico Sur (las Malvinas). Mira cada pieza, busca su lugar y escribe el nombre de cada provincia.

La solución está en la página 20 de la Clave.

E 2 ***¿Qué tiempo hace?***

Completa el siguiente texto con las palabras que faltan.

En Argentina podemos hablar de las cuatro ________________ del año:

________________, ________________,

________________ e ________________.

En ________________, en el noreste y noroeste, ________________ mucho calor. En **Salta** ________________ hasta 38 grados a la sombra[1] y en **Corrientes** ________________ mucho.

En **Córdoba** ________________ buen tiempo todo el año. El verano no es muy ________________ y el invierno no es muy ________________.

En el sur, en **Chubut** y **Santa Cruz**, ________________ siempre mucho frío y viento. A veces el tiempo está ________________.

En septiembre, octubre y noviembre, es decir, en ________________, en **Buenos Aires** el tiempo es ________________. No hace frío, pero tampoco hace mucho calor.

En **Mendoza** ________________ mucho en invierno. Por eso mucha gente va en invierno allí para esquiar.

E 3 ***Muy al sur***

1. Completa el siguiente texto con los verbos que faltan.

dijo – llamó – tuvo – encontró – autorizó – ofreció – descubrió – dio – salió – pasaban – tomaban – encendían[2] – eran – podía – tenían – era – salían – llevaban – se ponían – se veía – se ocupaban – cazaban[3] – vivían – encontraban – comían – eran – llevaba – buscaban

Hernando de Magallanes ________________ un experto marino portugués. Como ________________ problemas con el rey de Portugal ________________ sus servicios al rey de España. Le ________________ que ________________ encontrar un paso hacia el Mar del Sur. El rey lo ________________ para hacer este viaje y Magallanes ________________ de Sanlúcar el 20 de septiembre de 1519. ________________ cinco barcos.

En noviembre de 1520 ________________ el estrecho que él ________________ de Todos los Santos. Magallanes ________________ a la costa del estrecho el nombre "Tierra de los Fuegos" porque desde el barco ________________ mucho fuego encendido en tierra. Las razas principales de la región, yámanas, onas y alacalufes, ________________ siempre el fuego por el frío intenso de esta región.

Cuando Magallanes ________________ este lugar, los yámanas ________________ junto a la actual Ushuaia.

Los yámanas ________________ bajos y ________________ cabeza alargada[4] y cara ancha. ________________ largas horas en sus canoas para tomar del mar sus alimentos. Cuando ________________ por muchos días ________________ a toda su familia. Las mujeres →

[1] a la sombra: *im Schatten* [2] encender: *anzünden* [3] cazar: *jagen* [4] alargada, -o: *länglich*

__________ los remos[1] de la canoa, los hombres __________ el alimento y los niños __________ del fuego encendido sobre arena.

Cuando __________ una ballena[2], __________ varias canoas juntas y la __________.

Entonces entre todas las familias __________ los restos del animal. Estos momentos __________ una gran fiesta.

2. Explica por qué usas a veces el indefinido y a veces el imperfecto.

E 4 ***Un poco de historia***

Escribe las fechas en letras y los verbos en pasado.

1. En 1492 Colón llega a América.

____

2. En 1521 Hernán Cortés conquista[3] México.

____

3. En 1552 Juan Sebastián Elcano navega alrededor de la Tierra por primera vez.

____

4. En 1606 Cervantes publica la primera parte de Don Quijote.

____

E 5 ***En México***

Completa los espacios con la opción correcta.

(1) __________ 1518 los españoles (2) __________ a México. Salieron (3) __________ Cuba y llegaron (4) __________ (el) Mar Caribe. Iban (5) __________ caballo[4] y llevaban (6) __________ armas[5]. (7) __________ los indígenas vieron (8) __________ gente diferente tuvieron miedo[6] (9) __________ los españoles. Los indígenas (10) __________ trajes (11) __________ plumas[7]. Cambiaron oro (12) __________ vidrio[8] y otras cosas valiosas (13) __________ espejos. Hernán Cortés, (14) __________ la ayuda de Malinche, conquistó Tenochtitlán y tomó preso (15) __________ Moctezuma que murió[9] a manos (16) __________ su propia gente.

(1) a – en – de
(2) llegaron – llegaban – llegar
(3) en – de – a
(4) a – por – en
(5) en – a – por
(6) mucho – muchos – muchas
(7) entonces – cuando – mientras
(8) tanto – tantas – tanta

(9) a – de – por
(10) llevaban – llevan – llevaron
(11) con – sin – a
(12) a – por – de
(13) a – por – de
(14) sin – por – con
(15) en – a – de
(16) por – de – a

[1] remos: *Ruder* [2] ballena: *Wal* [3] conquistar: *erobern* [4] caballo: *Pferd* [5] arma: *Waffe* [6] miedo: *Angst* [7] pluma: *Feder* [8] vidrio: *Glas* [9] morir: *sterben*

E 6 ***Un chiste***

Lee y traduce.

Entran dos chicos a la clase, y la maestra le dice a uno de ellos:

- Pepito, ¿por qué llegaste tarde?
- Es que estaba soñando que viajaba por todas partes, conocía muchos países, y me desperté un poco tarde.
- ¿Y tú, Jaimito?
- ¡Yo fui al aeropuerto a recibirlo!

E 7 ***La frase***

Lee y traduce.

"Todos creemos en el país, lo que no se sabe es, si a esta altura, el país cree en nosotros."

Mafalda, personaje del Comic "Mafalda", Quino

Busca datos sobre el artista.

Paso 2

E 1 ***¡Qué curiosa!***

María Belén pasa una tarde con su abuela Remedios. La nieta tiene mucho interés por saber cosas de cuando su abuela era joven. ¿Qué contesta la abuela?

*Utiliza el verbo **soler**.*

Abuelita, ¿dónde pasabas las vacaciones?

____.

¿Y qué hacías los domingos?

____.

¿Qué hacías después de la escuela?

____.

¿Tenías que ayudar en casa?

____.

Ahora escribe tú más preguntas y contéstalas.

E 2 ***El personaje del año***

*Ésta es una entrevista a alguien que conoces muy bien. Nosotros somos los entrevistadores y **tú** eres nuestro personaje entrevistado. Quizás eres **tú** el personaje del año ...*

Escribe las repuestas en tu cuaderno.

P: - ¿Cuándo y dónde naciste?

R: - ...

P: - ¿Qué aspectos de tu carácter te gustan más? ¿Cuáles te gustan menos?

R: - ...

P: - ¿Adónde fuiste de vacaciones el año pasado? ¿Qué hacías cada día?

R: - ...

P: - ¿Dónde vivías cuando tenías 7 años?

R: - ...

P: - ¿Cuáles son tus tres palabras preferidas en castellano?

R: - ...

P: - Escribe tres palabras en castellano que no te gustan en absoluto.

R: - ... →

P: – Cuéntanos una anécdota de cuando eras pequeña/o.
R: – ...
P: – Para terminar, defínete cómo eres en una sola frase.
R: – ...

E 3 ***Pocas pero buenas***
En el Paso 2 del libro, en el texto "Una mezcla de sangres" aparece la locución adverbial ***en cambio****.*
Escribe cinco buenas frases con "en cambio".
Modelo: A mi hermano le gusta hacer deportes, **en cambio** yo prefiero leer o escuchar música.

E 4 ***Galicia***
En esta etapa aprendiste que muchos argentinos son hijos o nietos de inmigrantes gallegos. Ahora vamos a leer un texto sobre esa fascinante región: Galicia.
Sin usar el diccionario explica en alemán lo que entendiste. Después controla con el resto del grupo y el profesor.

Galicia
La hermosa tierra de Galicia ocupa todo el rincón del noroeste español y está dividida en cuatro provincias: La Coruña, Lugo, Orense y Pontevedra. Galicia es una de las más bellas y sugestivas regiones de España. Sus muchas lluvias y nieblas hacen que su paisaje esté siempre verde.
Galicia tiene algo mágico, misterioso, que influye poderosamente en la manera de ser de sus habitantes. El espíritu de esta tierra hace que los sentimientos estén muy desarrollados en los gallegos, creando en ellos una nota de melancólica unión con su tierra. La poetisa Rosalía de Castro expresó a la perfección estos sentimientos.
El gallego se siente ligado a su tierra. No acaba de desprenderse totalmente de ella como de un regazo materno.
El gallego es extraordinariamente trabajador, prudente, un tanto desconfiado, paciente, callado, verdadero maestro en la fina ironía, y, por encima de todo, suave, porque en Galicia nada es estridente, sino que todo es suave; su paisaje, tan sedativo y dulce; sus mujeres, sus hombres.

Fragmento de Civilización española, Madrid 1968, J. L. Mijares

E 5 ***Un chiste***
Lee y traduce.
Dos ladrones roban un banco acompañados de un elefante. Cuando un policía, por fin, los encuentra, le pregunta a uno de los ladrones:
– Lo que no entiendo es cómo pudieron meter el elefante por la puerta del banco.
– Bueno, eso fue muy fácil. Lo peor fue ponerle la media[1] en la cabeza ...

Paso 3

E 1 ***¡Ya lo hice!***
Escribe frases como el modelo.
Modelo:
– ¿Terminaste la tarea? – Sí, la terminé hace una hora.
– ¿Le diste el dinero a Mirta? – Sí, se lo di.
1. ¿Empezaste a leer el libro?
2. ¿Conociste a tus bisabuelos?
3. ¿Sacaste las cosas de la mochila?
4. ¿Leíste el emilio de Nora?
5. ¿Pagaste la cuenta?
6. ¿Le explicaste la tarea a Mariana?
7. ¿Le dijiste a Mario la verdad?

[1] media: *Strumpf*

E 2 ***Una Navidad[1] diferente***

1. Completa el siguiente texto con los verbos en el tiempo correcto:

Nora le cuenta a su amiga española:

En Argentina siempre (hacer) ______ mucho calor en Navidad. Para mí (ser) ______ un día muy especial y me (gustar) ______ celebrarlo en familia. Cuando (ser) ______ pequeña y (vivir) ______ con mis padres, todos (esperar) ______ la Navidad con mucha alegría.

Unos días antes (escribirle) ______ una carta a Papá Noel y (pedirle) ______ algo que (querer) ______ recibir. Después (darle) ______ la carta a mi mamá y ella (decirme) ______ que (llevarla) ______ al buzón. Siempre (pasar - nosotros) ______ este día en casa de mis abuelos con toda la familia. (Ser - nosotros) ______ más de veinte y cada uno (llevar) ______ algo para comer, pero la que más (trabajar) ______ (ser) ______ mi abuela. Mis hermanos, mis primos y yo (jugar) ______ (pelearnos[2]) ______ y (hacer) ______ mucho ruido. A las doce de la noche en punto (llegar) ______ Papá Noel y (dejar) ______ todos los regalos debajo del árbol. Nosotros no (poder) ______ verlo, porque (tener) ______ que esperar en el patio. Cuando (sonar) ______ una campanita[3] (significar) ______ que ya (poder) ______ entrar. Éste (ser) ______ el momento más emocionante ... .

2. ¿Qué tiempo se usa en casi todo el texto? ¿Por qué?
3. Escribe un pequeño texto y cuenta cómo pasabas la Navidad cuando eras pequeño/a.

E 3 ***Un chiste***

Lee y traduce.

La profesora pregunta a Jaimito:

- Jaimito, ¿copiaste el examen de Pepito?
- No, ¿por qué me lo pregunta, señorita?
- Porque en la tercera pregunta Pepito escribió "no lo sé" y tú, "yo tampoco".

E 4 ***La frase***

1. Lee y traduce.

"Nadie es la patria, pero todos lo somos. Arde en mi pecho y en el vuestro incesante, ese límpido fuego misterioso."
Jorge Luis Borges

2. Busca datos sobre el autor.

[1] Navidad: *Weihnachten* [2] pelearse: *sich streiten* [3] campanita: *Glöckchen*

Paso 4

E 1

Para pensar

1. Escribe las formas del indefinido de los siguientes verbos:
conducir (fahren) – traducir – producir – reducir
2. Escribe una regla de los cambios que se producen en este tiempo del pasado. Busca más ejemplos. Usa el diccionario.

E 2

Cosas de la vida

1. Relaciona las siguientes frases con los dibujos.

el coche estaba mal aparcado – el director del banco se enfadó[1]– el mendigo[2] se quedó pensando – empezó a trabajar – fue muy buen alumno – le hizo una multa[3] – pidió trabajo – se imaginó como policía de tráfico – se inscribió[4] en una escuela de policías de tráfico – terminó con éxito su instrucción – trabajó mucho – un día un mendigo le pidió limosna[5] al director de un banco – vio al director del banco con su coche mal aparcado – vio a un policía de tráfico haciendo su trabajo

2. Escribe ahora un texto. Fíjate en el uso de los tiempos.

[1] enfadarse: *sich ärgern* [2] el mendigo: *Bettler* [3] multa: *Geldstrafe* [4] inscribirse: *sich einschreiben* [5] limosna: *Almosen*

E 3 ***Un chiste***

Lee y traduce. Usa el diccionario.

Un policía de tráfico para un camión en la carretera, lo hace ir a la balanza y le dice al conductor:

- Lo siento, señor, usted pasa la carga permitida. Voy a tener que quitarle el carnet de conducir.
- Pero, señor policía, ¿cuánto cree usted que pesa mi carnet?

E 4 ***¿Imperfecto o Indefinido?***

Completa con los siguientes verbos en el tiempo correcto:

atacar - buscar - creer - descubrir - desembarcar (an Land gehen) - llamar - llamarse - llegar - llevar - mandar - matar (töten) - querer - ser - ser - tener

1. La hija de San Martín ____________________ Merceditas.
2. En 1513, el español Balboa ____________________ un mar al que ____________________ Mar del Sur, actual Océano Pacífico.
3. Los españoles ____________________ encontrar un paso entre el Océano Atlántico y el Mar del Sur para llegar a las ricas islas de las especias[1].
4. Los reyes de España ____________________ a Juan Díaz de Solís en 1515 para encontrar el paso entre los dos océanos.
5. En enero de 1516 ____________________ al Río de la Plata y ____________________ que éste ____________________ el paso que ____________________.
6. Cuando ____________________ con algunos de sus soldados, los indígenas lo ____________________ y lo ____________________.
7. Para los indígenas estos hombres ____________________ algo horrible, ____________________ armas y ____________________ un aspecto muy diferente al de ellos.

E 5 ***Una canción: La rana y el príncipe por Joan Manuel Serrat***

1. *Escribe todo el vocabulario que conoces con el tema cuentos de hadas[2].*
2. *Ahora lee la canción y subraya la palabra que crees que es correcta. Usa el diccionario.*
3. *Escucha la canción y comprueba.*
4. *Escribe la canción en forma de texto.*
5. *¿Tiene este cuento un final feliz? ¿Por qué?*

Él era un auténtico príncipe verde/azul/negro
más estirado y puesto que un maniquí/florero/chicle
que alquilaba/habitaba/limpiaba un palacio como el de Sisí
y salía en las revistas del deporte/corazón/dentista,
que cuando tomaba dos/tres/quince copas de más
la emprendía a romper maleficios a golpes/gritos/ besos
Más de una vez con anterioridad,
tuvo Su Alteza problemas/dolores de muela/picores por eso.
Un reflejo que a la luna se le escapó
en la palma de un nenúfar la descubrió
y como en él, era raro/frecuente/natural,
inmediatamente la reconoció.
Ella era una autentica princesa/mujer/rana común
que vivía ignorante de tal redentor/salvador/señor
cazando al vuelo mosquitos/insectos/bichos de su alrededor
sin importarle un rábano/un pimiento/un pepino el porvenir, →

[1] especias: *Gewürze* [2] cuento de hadas: *Märchen*

escuchaba absorta a un macho croar/ladrar/silbar,
con la sangre caliente/roja/alterada por la primavera
cuando a traición aquel monstruoso/precioso/canoso animal
en un descuido/instante/momento la hizo prisionera.
A la luz de las bombillas/estrellas/luciérnagas le acarició
tiernamente la mejilla/papada/mano y la besó
pero salió rana la rana
y Su Alteza en sapo/conejo/rana se convirtió.
Con el agua a la altura de la nariz/oreja/papada,
descubrió feliz/sorprendido/horrorizado que para una vez
que pasan/ocurren/suceden esas cosas, funcionó al revés
y desde entonces sólo hace que brincar y brincar.
Es difícil su reinserción/integración/marginación social
no se adapta a la vida de los ricos/pobres/batracios.
Y la servidumbre/familia/novia como es natural
no le permite la entrada a casita/casa/palacio.
Y en el jardín frondoso/verde/húmedo
de sus vecinos/tíos/papás,
hoy hay un príncipe menos
y una rana más.

E 6 ***La frase***

Lee y traduce.

"No es cierto que todo tiempo pasado fue mejor, lo que pasa es que los que estaban peor todavía no lo sabían."

Mafalda, personaje del Comic "Mafalda", Quino

Paso 5

E 1 ***¡Mi perro se comió la postal!***

Llegas a tu casa de la escuela y te recibe tu perro Paquito, muy contento, con algo en la boca. Es una postal de tu mejor amiga que está de vacaciones en Argentina. El cartero[1] dejó la postal debajo de la puerta y no pensó en Paquito. Lamentablemente ya se comió unas partes y otras se borraron.

[redacted] Juanita:
[redacted] en Tucumán. Dicen que es el "Jardín de la República". [redacted] hace dos días y por todo lo que [redacted], parece verdaderamente [redacted] jardín.
Ayer [redacted] una montaña con muchísima vegetación y [redacted] muy altas. El único [redacted] fue que ayer [redacted] mucho calor. Por suerte [redacted] un pequeño río y [redacted] agua fresca.
Cuando [redacted] a la pensión, me [redacted], [redacted] algo y me [redacted].
Mañana voy a Catamarca y desde allí te voy a [redacted].
Besos,
Marita

Srta.
Juanita Luna
Calle Príncipe [redacted]
[redacted]

[1] cartero: *Postbote*

E 2 ***Carne de exportación***

Se sabe que lo que más se come en Argentina es el asado. Casi todos los domingos la familia se sienta a la mesa para disfrutar de esta comida. Un poco de ensalada y vino tinto completan el menú. Escribe lo que piensan o dicen las personas del comic.

© Joaquín Salvador Lavado (Quino), Esto No Es Todo – Editorial Lumen, 2001

E 3 ***De la prehistoria***

1. Antes de leer el texto busca en el diccionario las siguientes palabras:
caber - cola - cuello - herbívoro - lagarto - lomo - pariente - rescatar - rueda - tórax
2. Lee entonces el texto y después marca verdadero o falso.

Encuentran restos del dinosaurio más grande que habitó la Patagonia

Se trata del Puertasaurus Reuili, un ejemplar que medía casi 40 metros y pesaba 100 toneladas. La expedición descubrió una vértebra enterrada en un lugar rocoso en la provincia de Santa Cruz. El animal pertenece a la familia de los titanosaurios y es pariente del ejemplar herbívoro más grande del mundo, el Argentinosaurus Huinculensis.
El paleontólogo Fernando Novas presentó en el Museo de Ciencias Naturales Bernardino Rivadabia los huesos del dinosaurio encontrado en enero de 2001.
Novas explicó que esta región está llena de fósiles de 70 millones de años. Luego habló del ejemplar encontrado y explicó que en el tórax de este animal cabía un elefante. Añadió que la vértebra encontrada mide 168 centímetros de ancho.
La vértebra estaba cubierta de seis metros de roca y se veía como una rueda gigante. El grupo encontró también partes del cuello, el lomo y la cola de este pariente lejano de los lagartos actuales.
Un integrante de la expedición, Pablo Puerta, vio por primera vez los restos del dinosaurio y en su honor, éste fue llamado "Puertasaurus". Santiago Reuili fue quien rescató de las rocas las vértebras del animal, por eso lleva también su apellido.

	V	F
1. El animal lleva el nombre y el apellido de la persona que lo encontró.		
2. El Puertasaurus vivió en la Patagonia argentina hace 70 millones de años.		
3. No quedan muchos fósiles de dinosaurio en esta región.		
4. Argentinosaurus y el Puertasaurus son de la misma familia.		
5. Comparó la vértebra del animal con una gran rueda.		
6. La expedición encontró también muchos lagartos.		

E 4 ***Un chiste***

Lee y traduce.
Cuando mi abuela tenía 60 años, el médico le recomendó andar 5 kilómetros por día.
Ahora tiene 90 años y no sabemos dónde está.

E 5 ***La frase***

Lee y traduce.
"A medio mundo le gustan los perros y hasta el día de hoy nadie sabe qué quiere decir Guau."
Mafalda, personaje del Comic "Mafalda", Quino

¿Has estado ya en España?

Paso 1

E 1 ***¡Cuántas cosas!***

Mañana por la mañana te vas de vacaciones. Tu amiga/o te pregunta algunas cosas.
1. Formulad frases como en el modelo.
Modelo: (lavar la ropa) – ¿Has lavado la ropa? – Sí, ya la he lavado./No, todavía no la he lavado.
1. (dejar el perro en casa de tu tía)
2. (dejar las llaves en casa de la vecina)
3. (comprar una tarjeta para el celular[1])
4. (llamar por teléfono a tu novio/a)
5. (regar las plantas)

2. Escribe más frases.

[1] celular: *Mobiltelefon*

E 2 ***Un día muy ocupado***

Imagínate que ahora son las once de la noche y le cuentas a un amigo lo que has hecho hoy.
1. Escribe todas tus actividades y las horas en que las has hecho.

A las ______ me he levantado.

______ ...

2. Habla con tu compañero/a. ¿Habéis hecho más o menos las mismas cosas a las mismas horas?
Modelo: ¿A qué hora te has levantado?
¿Has desayunado en ______? ¿A qué hora?

3. Escribe un resumen de vuestras actividades.
Modelo: Los/Las dos nos hemos levantado temprano, pero yo lo he hecho a las ______.

E 3 ***En un bar de tapas***

Completa los espacios vacíos con los tiempos correctos.

El verano pasado mi primo Eustaquio y yo (ir) ______ a un bar de tapas que (estar) ______ al lado del Cine América.
Una amiga, Camila, nos (decir) ______ que (ser) ______ muy bueno y que (preparar) ______ unos calamares excelentes.
Cuando (entrar) ______ la camarera (explicarnos) ______ el sistema que (haber) ______ de "autoservicio" para las tapas y (preguntarnos) ______ qué (querer) ______ beber. Mientras mi primo (pedir) ______ un vino de la casa para dos, yo (ir) ______ a ver qué tapas (tener) ______. ¡(Haber) ______ de todo!, pero finalmente (decidirme) ______ por los calamares, claro, jamón y patatas bravas[2]. Las raciones (ser) ______ muy grandes y (gustarnos) ______ mucho. Además no (ser) ______ muy caras. Hoy por la mañana (volver) ______ a pasar por esa calle y (sorprenderme) ______ porque (poner) ______ una peluquería. ¡Qué lástima! Yo (querer) ______ ir con mi grupo de español para celebrar el fin de curso.

[2] patatas bravas: *Kartoffeln mit scharfer Sauce*

E 4 ***El ejercicio está hecho***

1. Escribe frases como el modelo:

El empleado **ha cerrado** la puerta. Ahora la puerta **está cerrada**.
El empleado **ha cerrado** las puertas. Ahora las puertas **están cerradas**.

1. El profesor (abrir la ventana) ______________________________
______________________________.
2. Mi madre (hacer la maleta) ______________________________
______________________________.
3. El niño (romper el libro) ______________________________
______________________________.
4. Oliverio (levantarse) ______________________________
______________________________.
5. Los alumnos (hacer los ejercicios) ______________________________
______________________________.
6. Paquito (decir la verdad) ______________________________
______________________________.
7. El gato de mi vecina (morir) ______________________________
______________________________.
8. Mi abuela (preparar los bocadillos) ______________________________
______________________________.
9. Mi hermano (poner la mesa) ______________________________
______________________________.

2. Mira otra vez las frases. ¿Cómo se expresa la acción? ¿Y el resultado?
3. ¿Puedes formular alguna regla?

E 5 ***¿Qué has dicho?***

Traduce.

Zwei Freundinnen unterhalten sich:

Ramona: Warum bist du so müde? Was hast du heute gemacht?
Linda: Heute Morgen habe ich die Wohnung aufgeräumt. Gestern haben wir Pacos Geburtstag gefeiert und seine Freunde und Freundinnen sind gekommen. Dann habe ich meine Mutter besucht. Wir sind zusammen in die Stadt gegangen. Sie hat Schuhe gekauft. Drei Stunden. Dann haben wir in der Stadt etwas gegessen. Um drei sind wir zurückgekommen. Ich habe keine Sekunde für mich gehabt ...
Ramona: Und jetzt komme ich noch ...
Linda: Ich habe dich eingeladen. Möchtest du einen Kaffee trinken?
Ramona: Danke, ich habe schon einen getrunken.

E 6 ***Un chiste***

Lee y traduce.

Dice Jaimito:

- Mamá, hoy en clase de química he aprendido a fabricar un explosivo.
- ¡Qué interesante! Y mañana, ¿qué vas a aprender en el colegio?
- ¿Colegio? ¿Qué colegio?

Paso 2

E 1 ***¿Qué has hecho todo el día?***
El padre le pregunta a su hijo si ha hecho las cosas que tenía que hacer.

el padre	**el hijo**
¿(ir) al kiosco a comprar el periódico?	(olvidarse)
Modelo: ¿**Has ido** al kiosco ...?	Lo siento, me **he olvidado**.
1. ¿Dónde está el reloj que (dejarte)?	(romperse)
2. ¿Dónde (poner) las llaves del coche?	(perderse)
3. ¿(hacer) el examen de química?	(llegar tarde)
4. ¿(escribir) un emilio al tío Pepe?	(no tener tiempo porque ...)

E 2 ***¿Cómo?***
Completa los espacios vacíos con:
cómo - cómo - cómo - como - como - como -como

1. elsábadonovoyairatufiestadecumpleaños.

   ¿ ______________ dices?

2. ¿ ______________ hago la tortilla?

   Pues, ______________ la haces siempre.

3. ¿ ______________ se llama ese arquitecto catalán?

   Gaudí.

4. ¿Gaudí es tan famoso ______________ Dalí?

   Pues no sé, son diferentes.

5. ¡Qué guapa es tu niña!

   Sí, es tan guapa ______________ su madre.

6. ¿Por qué no viniste ayer a casa de Emilia?

   Pues, ______________ estaba tan cansada me acosté pronto.

E 3 ***Como decíamos ayer ...***

Una vez tú preguntas, la próxima vez respondes.

Modelo: A: no venir a clase - ¿Por qué no has venido a clase?
B: tener dolor de cabeza - Como tenía dolor de cabeza no he venido a clase.

1. A: levantarte de la mesa	B: sonar el teléfono
2. A: no ir al cine	B: no tener tiempo
3. A: no hacer las tareas	B: no ir a clase
4. A: no llamarme por teléfono	B: no saber tu número
5. A: no invitarme a la fiesta	B: tener la cabeza en otra cosa
6. A: no salir a cenar	B: no sentirse bien
7. A: llegar tarde a clase	B: perder el autobús

E 4 ***Para ordenar***

Ordena las partes de la izquierda con las de la derecha y escribe el tiempo verbal correcto. Une las dos partes con ***porque****.*

Quique llegó tarde		(organizar) una fiesta.
Jimena preparó muchos bocadillos		(pedírselo) un cliente.
Juan se rió	**porque**	(olvidar) la cita[1].
Laura se enfadó		no (estudiar).
Mi tía se fue rápidamente		Pepe (contar) un chiste.
La profesora me puso una mala nota		(dejar) la leche en el fuego.
El artista pintó el cuadro		Marta no (ordenar) la casa.

E 5 ***Un chiste***

Traduce. Usa el diccionario.

En un restaurante.

- ¡Camarero! Este pollo está crudo.
- ¡Pero! ¡Cómo va a estar crudo!
- ¡Cómo que no! ¡Se está comiendo las patatas!

E 6 ***La frase***

1. Lee y traduce.

"Ay, qué trabajo me cuesta quererte como te quiero."

Federico García Lorca

2. Busca datos sobre el autor.

Paso 3

E 1 ***Para leer***

1. Lee el siguiente texto.

Centro de Arte Reina Sofía

El centro de Arte Reina Sofía tiene como objetivos fundamentales difundir el arte contemporáneo, fomentar la creación artística y favorecer la comunicación con el movimiento creativo internacional. Este centro está abierto a las nuevas formas de expresión en lo que a arte se refiere y busca dar un lugar de importancia a todos aquellos artistas que por su talento dejan una huella en el camino de las artes.

Museo Nacional Centro de Arte Reina Sofía, Madrid

2. ¿Dice esto el texto?

El centro de Arte Reina Sofía tiene la finalidad de:

- mostrar el arte contemporáneo
- dar un lugar a todos los artistas
- mostrar arte no sólo tradicional
- recibir mucho público
- enseñar a pintar
- relacionar a los artistas de diferentes nacionalidades
- ayudar a los nuevos talentos
- ganar mucho dinero

[1] cita: *Verabredung*

E 2 ***Un artista con mucho talento***

1. Cuenta en castellano lo que dice esta pequeña biografía.

Fernando Botero, der berühmte kolumbianische Künstler, wurde 1932 in Medellín geboren. Er studierte an der Akademie in Madrid, übersiedelte 1956 in die USA und schuf Bilder in realistischer Sehweise. Er war stark von der Pop Art beeinflusst. Inzwischen ist er berühmt für seine aufgeblähten Körperformen.

2. ¿Has visto alguna escultura o pintura de Botero? ¿Te ha gustado?

E 3 ***Sopa de letras***

1. Busca los nombres de nueve pintores clásicos. Con el resto de las letras puedes formar una frase.

S	I	C	B	A	D	A	C	M	A
E	S	T	O	R	O	T	E	I	E
G	I	O	T	T	O	N	Z	E	S
U	L	I	T	R	B	R	A	I	A
O	L	L	I	R	U	M	N	L	Y
L	E	O	C	E	L	B	N	M	O
I	A	O	E	T	E	D	E	R	G
N	F	I	L	A	A	U	I	N	N
A	A	E	L	L	N	M	C	I	S
C	R	L	I	O	P	E	D	I	A

2. Busca los datos de uno de estos artistas y escribe una pequeña biografía.

E 4 ***¿Cuál es el extraño?***

Encuentra la palabra que no corresponde y explica por qué.

1. madera - piedra - plata - vidrio - oro - cuadro
2. vestido - sombrero - vela - camisa - jersey
3. merluza - paella - plato - carne - tortilla
4. verdulería - rojo - amarillo - azul - gris

E 5 ***Un chiste***

Lee y traduce con ayuda del diccionario.

En el Museo de Arte Moderno dos hombres miran un cuadro. Uno de ellos comenta:

- ¡Qué bello amanecer!
- No, perdone usted, pero se trata de un bello atardecer.
- Disculpe, señor, pero le digo que es un amanecer.
- De ninguna manera - contesta el otro ya enfadado.
- No va a discutir conmigo que fui catedrático en la Universidad de Bellas Artes. Esto es un amanecer.
- Mire, yo no soy catedrático, pero el que pintó el cuadro es mi yerno, y ése no se levanta temprano ni que lo maten.

E 6 ***La frase***

Lee y traduce.

"El arte es una mentira que nos acerca a la verdad."

Pablo Picasso (1881–1973) Pintor español.

Paso 4

E 1 ***Hablando de música ...***

1. Cuenta en castellano lo que dice esta pequeña biografía.

Plácido Domingo wurde 1941 in Madrid geboren. Als Kind wanderte er mit seinen Eltern nach Mexico aus. Er gilt als einer der besten Tenöre der Welt und feierte zahllose Triumphe auf international bekannten Opernbühnen. Außerdem wirkte er in mehreren Opernverfilmungen mit.

2. ¿Lo has escuchado alguna vez cantar? ¿Te gusta?

E 2 ***Una canción de Violeta: Volver a los diecisiete***

Completa los espacios vacíos con las definiciones que están debajo de la canción. Usa el diccionario para las palabras nuevas. Después escucha la canción y comprueba.

Volver a los diecisiete
después de vivir un (1) ________________
es como descifrar signos
sin ser (2) ________________ competente,
volver a ser (3) ________________
tan frágil como un segundo,
volver a sentir (4) ________________
como un (5) ________________ frente a Dios,
eso es lo que siento yo
en este (6) ________________ fecundo.

Mi paso retrocedido
cuando el de ustedes (7) ________________,
el arco de las alianzas
ha penetrado en mi (8) ________________,
con todo su colorido
se ha paseado por mis (9) ________________,
y hasta la (10) ________________ cadena
con que nos ata el destino,
es como un (11) ________________ fino
que alumbra mi alma serena.

Se va enredando, enredando,
como en el (12) ________________ la hiedra,
y va brotando, brotando,
como el musguito en la piedra,

como el musguito en la piedra,
ay, sí, sí, sí.

Lo que puede el (13) ________________
No lo ha podido el saber,
ni el más (14) ________________ proceder,
ni el más (15) ________________ pensamiento,
todo lo cambia el momento,
cual mago condescendiente,
nos (16) ______ ______ dulcemente
de rencores y violencias,
sólo el amor con su (17) ________________
no vuelve tan inocentes.

El amor es torbellino
De pureza original,
hasta el feroz (18) ________________
susurra su dulce trino,
detiene los (19) ________________,
libera los prisioneros,
el amor con sus esmeros
al (20) ________________ lo vuelve niño,
y al malo sólo el cariño
lo vuelve puro y (21) ________________.

Se va enredando, enredando ________________.
Violeta Parra

(1) Cien años
(2) Persona que sabe mucho, masculino
(3) Sinónimo: de pronto
(4) Lo contrario de superficial
(5) Cuando tienes cinco años eres un ________________.
(6) Sinónimo: momento
(7) Sinónimo: adelantar, 3ª persona singular, presente Indicativo
(8) La "casa" de los pájaros

(9) La sangre corre por las arterias y por las ______________.

(10) Lo contrario de blando, femenino.

(11) Piedra preciosa. Le gustan mucho a Liz Taylor.

(12) En Berlín ya no existe

(13) El amor es un ______________.

(14) Lo contrario de barato

(15) Lo contrario de estrecho

(16) Lo contrario de acercar, 3ª persona singular, presente indicativo

(17) La física es una ______________.

(18) Un elefante es un ______________.

(19) Las personas que hacen el Camino de Santiago son ______________.

(20) Lo contrario de joven

(21) Que siempre dice la verdad, masculino

E 3 ***Corazón roto***

Lee esta carta que aparece en el correo sentimental de una revista (Zeitschrift). Ahora escribe tu carta. Usa tu imaginación.

Dama romántica, 41, no muy alta, más o menos delgada, más o menos morena y bastante simpática.
Le encanta la música, especialmente la ópera. Ama las sorpresas, el sol, y los animales.
No fuma, pero no dice que no a una copa de buen vino. Se interesa por otras culturas, el cine, el teatro.
... Pero tiene un corazón roto. ¿Quién quiere repararlo?

E 4 ***Un chiste***

Lee y traduce.

El avión donde viaja un famoso guitarrista tiene un accidente y cae en África, en la selva. Sólo se salva el guitarrista y su guitarra. De repente ve que dos leones con aspecto de tener mucho hambre se le acercan. El guitarrista empieza a tocar la guitarra y como por milagro los dos leones se acuestan a su lado y lo escuchan fascinados.
En este momento aparece un tercer león y ¡zas!, se come al guitarrista.
- ¿Lo ves? - dice el primero de los leones - el sordo nos arruinó el concierto.

E 5 ***La frase***

Lee y traduce.

"La música es el arte más directo, entra por el oído y va al corazón."
Magdalena Martínez (1963-?) Flautista española.

Aventura polar

Paso 1

E 1 ***Vamos a suponer***

Expresa hipótesis como en el modelo.

Modelo: A: Son las diez de la noche e Iñaqui no volvió de la oficina.
B: **Estará** en una reunión importante.
No **habrá terminado** su trabajo.

1. Mis plantas están horribles.

______________________________.

2. La paella no está tan rica como otras veces.

______________________________.

3. Hace dos días que Jaimito no viene al colegio.

______________________________.

4. No me invitaron a la fiesta de cumpleaños de Loli.

______________________________.

5. La profesora está muy seria.

______________________________.

6. Mi canario no quiere cantar.

______________________________.

7. Todos me miran.

______________________________.

E 2 ***¡Extraordinariamente interesante!***

Escribe los adverbios que corresponden a estos adjetivos. Usa el diccionario.

especial – feliz – práctico – loco – activo – débil – inconsciente – distraído – enérgico – salvaje – breve – peligroso

Escribe frases en donde se vea claramente la diferencia entre el uso de adjetivos y adverbios.

E 3 ***¿Será así?***

1. *Lee estas frases (→ p. 72) y marca todas las formas del futuro.*
2. *Ordénalas en tres categorías: sociedad, economía, ecología y salud.*
3. *¿Con cuáles estás de acuerdo y con cuáles no?*
4. *¿Con cuál de estas ideas hay más gente que está de acuerdo?*
   ¿Con cuál hay menos?
5. *Escribe más frases para tu país en las diferentes categorías.*

sociedad	economía	ecología	salud

→

Solamente comeremos masticando los fines de semana y fiestas (el resto, pastillas)

Total acuerdo:	6,8 %
De acuerdo:	11,8 %
En desacuerdo:	11,2 %
Total desacuerdo:	**70,2 %**

La preocupación por la salud crecerá. Nos haremos diariamente un telediagnóstico

Total acuerdo:	**34,1 %**
De acuerdo:	24,3 %
En desacuerdo:	22,6 %
Total desacuerdo:	19 %

Cambiaremos nuestro lugar de residencia (ciudad o país) con mucha más frecuencia

Total acuerdo:	13 %
De acuerdo:	26,5 %
En desacuerdo:	26,5 %
Total desacuerdo:	**34 %**

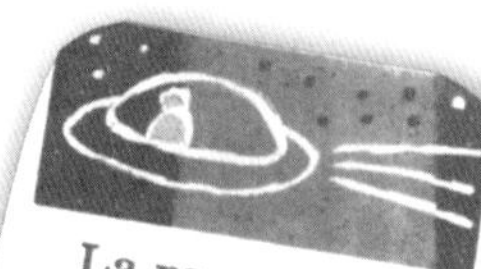

La regulación del tráfico se hará de forma completamente automatizada

Total acuerdo:	28,5 %
De acuerdo:	**32 %**
En desacuerdo:	16 %
Total desacuerdo:	23,5 %

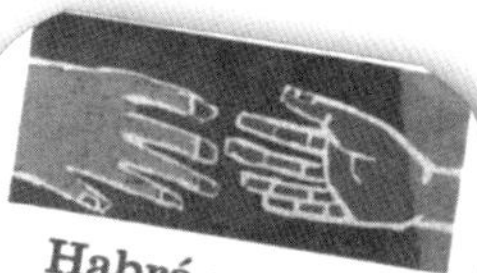

Habrá muchos más divorcios y matrimonios en segundas y terceras nupcias

Total acuerdo:	**41,6 %**
De acuerdo:	28,9 %
En desacuerdo:	13,7 %
Total desacuerdo:	15,8 %

Viviremos muchos más años gracias a la mejora de las condiciones de vida y salud

Total acuerdo:	17,4 %
De acuerdo:	**22,1 %**
En desacuerdo:	18,7 %
Total desacuerdo:	17,4 %

Las fuentes energéticas serán distintas. El petróleo perderá su protagonismo

Total acuerdo:	**35,9 %**
De acuerdo:	35 %
En desacuerdo:	19,1 %
Total desacuerdo:	10 %

Todos dedicaremos tiempo a colaborar con una organización no gubernamental

Total acuerdo:	**27,4 %**
De acuerdo:	22,3 %
En desacuerdo:	25,7 %
Total desacuerdo:	24,6 %

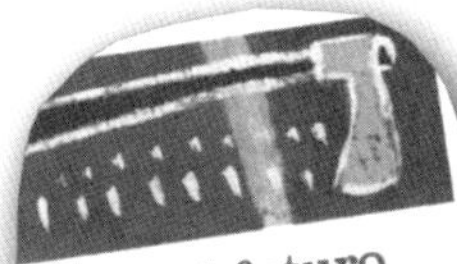

En el futuro trabajaremos muchas más horas de lo que hoy lo hacemos

Total acuerdo:	18,7 %
De acuerdo:	19,9 %
En desacuerdo:	17 %
Total desacuerdo:	**44,4 %**

Habrá tiendas abiertas todas las horas durante los siete días de la semana

Total acuerdo:	**42,1 %**
De acuerdo:	20,6 %
En desacuerdo:	15,1 %
Total desacuerdo:	22,2 %

Progresivamente seremos menos religiosos y creeremos menos en Dios

Total acuerdo:	**32,6 %**
De acuerdo:	25,8 %
En desacuerdo:	20,8 %
Total desacuerdo:	20,8 %

Cada vez seremos mucho más felices y viviremos mucho más satisfechos

Total acuerdo:	24,1 %
De acuerdo:	25,3 %
En desacuerdo:	**27 %**
Total desacuerdo:	23,6 %

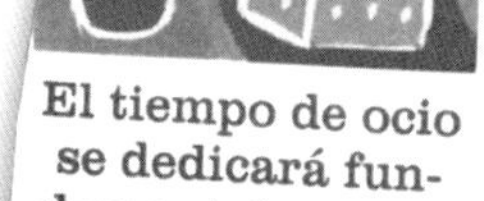

El tiempo de ocio se dedicará fundamentalmente a estar en compañía de la familia

Total acuerdo:	**53,3 %**
De acuerdo:	24,3 %
En desacuerdo:	14,6 %
Total desacuerdo:	7,8 %

La política dejará de interesar hasta el punto de que desaparecerán los partidos

Total acuerdo:	20,2 %
De acuerdo:	17 %
En desacuerdo:	20,2 %
Total desacuerdo:	**42,6 %**

Continuarán llegando inmigrantes a nuestro país y su número se multiplicará

Total acuerdo:	**52,6 %**
De acuerdo:	25,3 %
En desacuerdo:	9,4 %
Total desacuerdo:	12,7 %

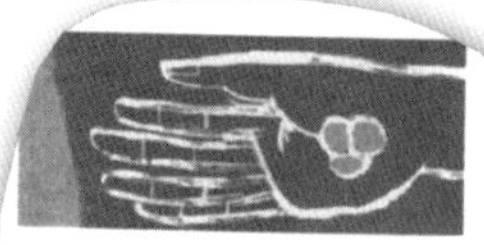

Las pensiones no serán suficientes para cubrir las necesidades de los jubilados

Total acuerdo:	**37,4 %**
De acuerdo:	21,1 %
En desacuerdo:	14,7 %
Total desacuerdo:	26,8 %

E 4 ***Un chiste***

Lee y traduce.

Paso 2

E 1 ***¿Iremos o no?***

Tú y tu mejor amigo/a estáis invitados a una fiesta muy importante. Pero, la verdad es que no tenéis muchas ganas de ir.

Algunos argumentos para ir son:
- está la hija de los dueños[1] de casa que es guapa y millonaria
- hay muchas cosas ricas para comer
- va Feliciano Gracioso, el famoso actor de cine
- toca un grupo de rock muy bueno
- es una oportunidad para conocer a gente importante
- ...

Los argumentos para no ir son:
- probablemente es aburrido
- no podéis ver en la tele el partido Alemania - Argentina
- no tenéis nada elegante para poneros
- no conocéis a casi nadie
- os perdéis[2] la fiesta de Huguito que es el mismo día
- ...

1. *Escribe para cada caso un argumento más.*
2. *En parejas. Discutid cada posibilidad usando el futuro. Llegad a un acuerdo. ¿Iréis o no?*

E 2 ***Una visita***

En equipos de cinco elaborad un programa de intercambio (con visitas a la ciudad, participación en clases, actividades deportivas, culturales y de tiempo libre) para un grupo de estudiantes españoles. Los españoles pasarán cinco días en vuestra ciudad, así que cada uno de vosotros se encargará de un día. Presentad el programa:
1. por escrito, en forma breve/por puntos
2. oralmente, de forma detallada y con comentarios, imaginando que los españoles acaban de llegar y les dais todas las informaciones.

[1] dueño: *Besitzer* [2] perderse: *verpassen*

E 3 ***¿Qué tiempo hace?***

1. Escucha el informe meteorológico del noticiero de la tarde. Hablan del tiempo que ha hecho durante el día y del tiempo que hará al día siguiente. Aquí tienes una lista con símbolos necesarios para un mapa del clima. Marca los símbolos correspondientes a los informes del tiempo y apunta las temperaturas mínimas y máximas.

2. En base a los símbolos que has marcado escribe tú un resumen del informe meteorológico que acabas de escuchar para el día de mañana.

Viernes 7 de mayo

										min	máx

Sábado 8 de mayo

										min	máx

E 4 ***Tendrás un futuro brillante***

Lee el siguiente diálogo y subraya las formas del futuro.

Coquito: ¡Mañana será mi gran día!
Chichita: ¡Qué bien! Pero, ¿puede saberse por qué?
Coquito: Lo leí en el periódico. Mira aquí lo pone.
Chichita: ¿Dónde?
Coquito: Mira, aquí, ¿ves? Yo nací el 26 de noviembre. Soy Sagitario. Escucha: "Desde mañana su vida pasará por su mejor momento. El miércoles, concretamente Júpiter le regalará uno de los mejores días de su vida. Conocerá a gente importante. Quizás a la mujer o al hombre de su vida. ¡Hay que tener los ojos bien abiertos! Tendrá una sorpresa, puede ser un regalo, un viaje o la lotería. Se sentirá fuerte como un toro y con la energía de un león[1]." ¿Qué te parece?
Chichita: ¿Qué me parece? Pues, una perfecta tontería[2]. Pero, Coqui, ¿cómo puedes creer en los horóscopos? No cuentan más que mentiras[3]...
Coquito: ¿Tú crees?
Chichita: Claro, pero bueno, a ver ese periódico. Yo nací el 16 de febrero, soy Acuario. ¿Qué me pasará esta semana?

E 5 ***Un chiste***

Lee y traduce.

Un amigo le dice a otro:
- Mira, yo sueño con ser millonario como mi padre.
- ¿Ah, sí? ¿Tu padre es millonario?
- ¡No! Pero él también lo sueña.

E 6 ***La frase***

Lee y traduce.

"Me interesa el futuro porque es el sitio donde voy a pasar el resto de mi vida."
Woody Allen (1935–?) Actor, director y escritor estadounidense

[1] león: *Löwe* [2] tontería: *Dummheit* [3] mentira: *Lüge*

Paso 3

E 1 *Para leer*

RAMÓN LARRAMENDI

Ramón, es "el jefe", director y fundador de Tierras Polares Expediciones. Ramón es el pionero español en viajes y expediciones a las regiones polares a las que lleva viajando desde hace 20 años. Ha participado en las primeras expediciones españolas que atravesaron Groenlandia en esquí en 1986. Alcanzó el Polo Norte geográfico y magnético esquiando en 1999 y 1998. También fue el alma mater de la Expedición Circumpolar, en la que recorrió 14000 kilómetros en trineo tirado por perros y en kayak desde Groenlandia hasta Alaska durante tres años. Éste fue el viaje polar español más sorprendente, que mereció un artículo en la revista National Geographic en su versión inglesa, siendo el único español hasta la fecha que aparece en un artículo de dicha revista. En la actualidad es el especialista en expediciones polares de "Al filo de lo Imposible" con cuyo equipo ya ha realizado unas cuantas. Es inventor del Catamarán Polar, el primer vehículo polar movido por energía renovable con el que prepara la travesía del continente antártico para 2004. Ha vivido un total de 6 años en el ártico, habla fluidamente el idioma de los inuits. Sin duda es el español que mejor conoce el ártico, y especialmente Groenlandia, de donde es casi un hijo adoptivo.

Además de los viajes, Ramón es un apasionado por el conocimiento y la divulgación de las regiones polares, y posee la mejor biblioteca de España del tema, recopilada durante 20 años y puesta a disposición pública mediante el Centro de Información Polar, una iniciativa personal sin ningún tipo de apoyo público.

1. ¿Dice esto el texto?

1. Son ya veinte años los que Ramón ha dedicado a su pasión, las expediciones polares.
2. Todas sus expediciones las realiza esquiando.
3. Es uno de los pocos españoles que han merecido un artículo en la revista National Geographic.
4. Es inventor de un medio de transporte ecológico.
5. En Groenlandia es considerado uno de ellos.
6. Después de veinte años coleccionando libros sobre las regiones polares ha regalado su biblioteca a un organismo público.
7. El Centro de Información Polar está abierto al público interesado en el tema.

2. Busca informaciones en Internet sobre José Manuel Naranjo y escribe un pequeño texto.

E 2 ***En tu lugar, lo haría.***

Un amigo tiene algunos problemas. Ayúdalo.
Utiliza las siguientes expresiones:

- Yo, en tu lugar
  \+ Condicional
- Yo que tú

1. Mi madre dice que si hablo tanto por teléfono tendré que pagar la mitad de la cuenta.
2. Mis padres no me permiten ir de vacaciones con mis amigos.
3. Mi vecino se enfada porque me ducho muy tarde por la noche.
4. Mi novia quiere salir los sábados con sus amigas y no conmigo.
5. Estoy enamorado[1] de una chica que no sabe que existo.

E 3 ***A mí me encantaría ...***

Escribe frases como el modelo.
Modelo: 1. A ella le encantaría tener un vestido nuevo.

E 4 ***¡Increíble!***

Con la ayuda de las definiciones podrás formar palabras. Necesitas unir las partes de la lista de la izquierda y las de la derecha. Pero … no sabes con qué parte se empieza.

pro – pro – re –con –	ego – gresar – altru – ducir – conocer –
ex – per – tra – inter –	ambici – mesa – real – curso –
inter – extra –ismo – re	parla – miso – termó – plicable – solu –
ísmo – oso – mento –	ducir – sal – biblio – violin –
ismo – ción – metro – teca –	nacional – joven – valo –
ado – cito – ista – ista –	ordinario – organ –

[1] enamorado, -a: *verliebt*

1. Fuera de lo común
2. Pausa
3. Pasar de un idioma a otro
4. Autorización
5. Competencia para elegir al/a la mejor de algo
6. Volver a conocer
7. Fabricar
8. Lo contrario de egoísmo
9. Alguien que quiere tener más y más
10. Lugar donde se reúnen los políticos
11. Si tienes un problema tienes que encontrar una ...
12. Lugar donde hay libros
13. Muy joven
14. Persona que toca el órgano
15. Que pasa las fronteras de un país
16. Que se puede explicar
17. Decir que seguramente vas a hacer algo es hacer una ...
18. Volver
19. Lo contrario de altruismo
20. Expresión del arte que se basa en la realidad
21. Aparato para medir la fiebre
22. Que tiene demasiada sal
23. Persona que toca el violín

E 5 ***Gente diferente***

Lee las características de estas personas. ¿Con quién te llevarías bien[1]? ¿Con quién no? ¿Por qué? Escribe lo que piensas.

Santiago Fernández Herrera

Carácter: es serio, introvertido, muy formal

Gustos: Ama la ópera, la meditación y el silencio. Le gusta mucho leer, especialmente poesía. No bebe ni fuma.

Actividades: Come poco. Trabaja en su oficina, es abogado. Tiene la misma secretaria desde hace veinte años. Todos los días empieza a trabajar a las ocho y se va a casa a las cinco. No sale mucho. Tres o cuatro veces al año va a la ópera.

Aficiones: Colecciona[2] sellos e insectos.

Manías: Usa sólo calcetines negros de algodón.

María Pía Terrens

Carácter: es extrovertida, comunicativa, alegre, nada complicada

Gustos: No le gusta nada estar sola, no le gustan las discusiones serias. Le gusta salir con sus amigos, charlar, bailar, acostarse tarde. Le encanta recibir amigos en casa, comer, beber buen vino. No le interesa tener la casa muy ordenada.

Actividades: Está casi todo el día fuera. Vuelve muy tarde por la noche. Cena siempre con amigos, a veces en su casa. Trabaja en una agencia de viajes.

Aficiones: Le gusta ir al cine, al teatro, a bailar. Le encantan los animales. Tiene dos gatos: Peluquín y Pelucón.

Manías: Siempre quiere estar a la última moda y no puede estar ni un minuto sola.

[1] llevarse bien con alguien: *sich gut verstehen mit jemandem* [2] coleccionar: *sammeln*

Betina Castro Fuentes

Carácter: es muy abierta, muy dinámica y optimista. No es muy puntual y siempre está soñando.

Gustos: Ama la naturaleza, la vida al aire libre, hacer deportes de todo tipo. Le encanta viajar y conocer otras culturas. No soporta a las personas pesimistas.

Actividades: Estudia arqueología, va cada día a la universidad, trabaja como camarera para pagar sus viajes que son muchos.

Aficiones: viajar a lugares exóticos y nada turísticos, dormir en tiendas de campaña, esquiar y leer libros de arqueología.

Manías: Le gustan los chupa-chups. Siempre está comiendo uno. Su dentista se enfada por esto.

E 6 *¿Y yo?*

Escribe frases como el modelo.

Modelo: 1. – Limpié los zapatos de Beatriz.
– ¿Y yo? Podrías haberme limpiado los míos también.

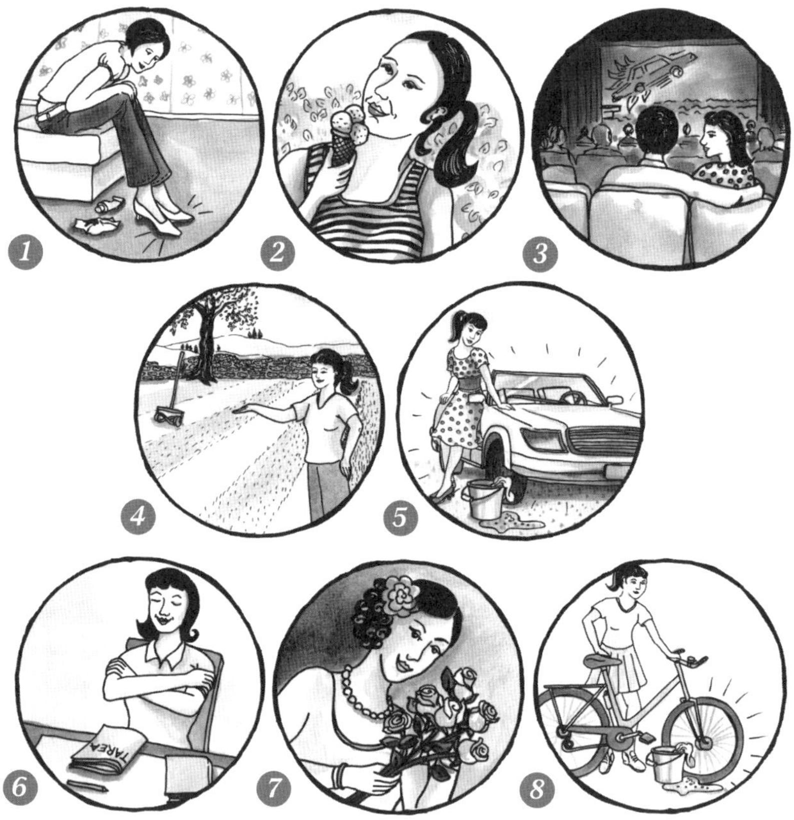

E 7 ***Un chiste***

Lee y traduce.

Dice un marido enamorado:

- Querida, ¿qué te gusta más de mí, mi físico o mi inteligencia?
- Tu sentido del humor – dice ella.

E 8 ***La frase***

Lee y traduce.

"Amo a la humanidad. Lo que me molesta es la gente."
Mafalda, personaje del Comic "Mafalda", Quino

El mundo que hoy tenemos

Paso 1

E 1 ***Frases útiles***

1. Lee los comentarios de estas personas relacionadas con la etapa 11:

1. Creo que pocos turistas quieren visitar el Polo Sur.
2. Es posible que algunos piensen que es una aventura interesante.
3. Es probable que no sepan qué peligrosa puede ser esa expedición.
4. Quizás sea la mejor experiencia de tu vida.
5. Probablemente quieran probarse a sí mismos[1].
6. Posiblemente estén todos locos.
7. Me parece que hay muchos otros lugares en el mundo a los que vale la pena[2] viajar.
8. Para mí no hay nada mejor que conocer bien tu propio país.
9. Quizás es una locura, pero a mí me encantaría ir.
10. Probablemente necesitas un equipo especial y eso cuesta mucho dinero.
11. Estoy seguro/a de que tienen demasiado dinero y no saben cómo gastarlo.
12. Probablemente deban hacerse primero un examen físico.
13. Me imagino que ya conocen casi todo el mundo.
14. Posiblemente quieren conocer sus propios límites.
15. Supongo que no tienen nada mejor que hacer.
16. Puede ser que después de dos días lloren[3] para volver con su mamá.

2. Ordena los verbos que exigen indicativo, subjuntivo o que aceptan los dos modos.

3. ¿Con qué frases estás tú de acuerdo? ¿Puedes añadir algún comentario más?

E 2 ***Gustos y manías[4]***

1. Escribe en un papelito algunas cosas que te gustan y algunas que te molestan ***que hagan*** *los demás.*

Por ejemplo: Me **gusta que la gente diga** "gracias" cuando les abro la puerta en una tienda.
Me molesta que la gente coma palomitas[5] en el cine.

2. Mezclad todos los papeles y leedlos en voz alta. ¿De quién son estos gustos y estas manías? ¿Os conocéis bien?

E 3 ***Cuanto más aprendas, mejor hablarás castellano.***

1. Lee las siguientes frases y formula una nueva regla para el uso del Modo Subjuntivo.

Modelo: Cuanto más aprendas, mejor hablarás castellano.
Cuanto mejor trabajes, más te pagarán.
Cuanto menos salgas, menos dinero gastarás.
Cuanto peor lo expliques, menos te entenderé.

2. Traduce las frases anteriores al alemán.

3. Formula ahora tú frases completas.

1. más - hablar (tú) - menos - creerte (ellos)
2. menos - trabajar (tú) - menos dinero - tener (tú)
3. más - gritar (tú) - menos - escucharte (ellos)
4. mejor - hacerlo (tú) - más tiempo - ganar (tú)
5. peor - hablar castellano (ellos) - menos posibilidades de encontrar trabajo - tener (ellos)

E 4 ***La deuda externa***

Lee el texto "La deuda externa" en el libro y formula la mayor cantidad de frases posibles como las del ejercicio anterior.

[1] a sí mismos: *sich selbst* [2] vale la pena: *es lohnt sich* [3] llorar: *weinen* [4] manía: *Marotte* [5] palomitas: *Popcorn*

E 5 *¡Claro que sí!*

Ordena las siguientes expresiones en donde corresponda:

Es verdad – Tienes toda la razón – En parte sí, pero ... – Eso es absurdo – No estoy de acuerdo – Eso no tiene sentido – Sí, pero hay que tener en cuenta que ... – De ninguna manera – Puede ser, pero no hay que olvidar que ... – Yo diría que ... – Claro que sí – Seguro – Me parece que ...

E 6 *¿Qué piensas?*

Contesta a las siguientes frases con alguna expresión del ejercicio anterior y argumenta tu opinión. Compara después con tu compañero/a y el resto del grupo.

1. No tendría que estar permitido fumar en la calle.
2. Las personas que hacen deportes peligrosos deberían pagar un seguro más caro para su salud.
3. Las armas nucleares son necesarias.
4. La eutanasia tendría que estar permitida.
5. Los alumnos deberían tener clases en sus casas por ordenador.
6. El nivel de alcohol debería ser cero para las personas que conducen[1].

E 7 *Tu opinión es importante*

Completa las siguientes frases. Luego compara con tu compañero/a.

1. Es una pena que ...
2. Es injusto que ...
3. Creo que ...
4. No creo que ...
5. Es horrible que ...
6. Pienso que ...
7. No pienso que ...

[1] conducir: *Auto fahren*

E 8 ***¿Y tú qué esperas?***

Lee el chiste de Maitena con ayuda del diccionario. Después escribe unas frases para decir qué esperas tú de un hombre/una mujer a tu edad.

Paso 2

E 1 ***¿Conoces a algún inmigrante?***
Puedes hacerle algunas preguntas y presentarlo después en la clase:
1. Nombre
2. ¿Por que vino a Alemania?
3. ¿En qué año llegó aquí?
4. ¿Vino sólo o con su familia?
5. Si vino solo, ¿formó una familia aquí?
6. ¿Qué idioma hablaba en su lugar de origen?
7. ¿Qué lengua o lenguas habla en Alemania?
8. ¿Qué lengua/s hablan sus hijos?
9. ¿Van de visita a su país de origen? ¿Con qué frecuencia?
10. ¿Qué trabajo hacía en su país?
11. ¿Qué hace en Alemania?
12. ¿Qué echa de menos de su país?
13. ¿Qué le gusta y qué no le gusta de Alemania?

E 2 ***Quiero que sea bueno, bonito y barato.***
Completa el diálogo.

En una tienda

Dependiente: Buenas tardes, ¿qué desea?

Cliente: Buenas tardes, estoy buscando un regalo para una boda.

Dependiente: ¿Ya ha pensado en algo especial?

Cliente: Bueno, había pensado en algo que (ser) ____________ bonito, pero que también (poderse) ____________ usar.

Dependiente: Mire, aquí, por ejemplo tenemos este precioso reloj de pared del siglo XIX ...

Cliente: No, no, no, busco algo que (ser) ____________ más moderno. Son muy jóvenes y van a vivir en un piso pequeño ...

Dependiente: Bueno, en ese caso usted necesita algo que no (ocupar) ____________ mucho lugar. ¿Qué le parece esta lámpara de pie? Es moderna y tiene estilo.

Cliente: Mmm ... no está mal. ¿Y qué precio tiene?

Dependiente: 399 Euros. Una ganga[1].

Cliente: ¿399 Euros? Eso es demasiado para mí. ¿No tiene algo que (costar) ____________ un poco menos?

Dependiente: Entiendo, usted quiere algo que (ser) ____________ bonito, que (ser) ____________ barato y que además (ser) ____________ útil[2]. Mire, acá tengo un sacacorchos por 29,90 Euros. ¿Qué le parece?

Cliente: ¡Fantástico! Me lo llevo.

[1] una ganga: *ein Schnäppchen* [2] útil: *nützlich*

E 3 ***Una persona muy exigente***[1]

Tú eres una persona muy exigente. Quieres comprar una casa, buscas un/a novio/a, quieres una habitación en una pensión, necesitas un diccionario.
Escribe todo lo que exiges, pides, buscas, quieres o necesitas. Después compara con tu compañero/a. ¿Quién es más exigente?

E 4 ***¿Qué te da miedo?***

El sustantivo miedo se construye casi siempre con el verbo ***dar****.*

Modelo: A: A mí, **me da miedo** ir en avión.
B: Pues a mí **me dan miedo** las serpientes

Escribe unos ejemplos con cosas que te dan miedo. Después compara con tu compañero/a. ¿Tenéis los mismos miedos? ¿Y el resto de la clase? Haced una estadística.

E 5 ***¿Estáis hartos?***

Un grupo de jóvenes españoles escribieron en un periódico sobre las cosas o situaciones de las que estaban hartos.

Éstas son algunas de las frases:

- Estoy harto de que los programas hablen de anoréxicas[2] y muestren publicidad de cuerpos perfectos.
- Estoy harta de que mi vecina ponga el televisor a todo volumen[3]. ¡Me quiero ir a la Luna!
- Estoy harta de que el cliente siempre tenga razón. Hay muchos clientes que parece que no saben que solamente tengo dos manos.
- Estoy harto de que en mi pueblo me critiquen por llevar el pelo azul y un pendiente en el ombligo[4].

1. ¿Y tú? ¿Estás harto/a de las mismas cosas?
2. Mira la construcción de las frases y escribe algunos ejemplos más. Luego compara con tu compañero/a.

E 6 ***¿No te parece mucho?***

Mira en la Etapa 2 Paso 3 E4. Habéis escrito como tiene que ser el trabajo ideal. Toma las frases de tu compañero/a y escribe como él/ella ***quieren que sea*** *ese trabajo. Tu compañero/a hace lo mismo con tus frases.*

Modelo: Florencio **quiere que** su trabajo **empiece** a las once de la mañana.

E 7 ***Es hora de que entendamos el subjuntivo.***

Escribe frases como el modelo.

Modelo: 1. Es hora de que llegue el autobús.

→

[1] exigente: *anspruchsvoll* [2] anoréxicas: *Magersüchtige* [3] a todo volumen: *sehr laut*
[4] un pendiente en el ombligo: *ein Ohrring im Bauchnabel*

E 8 *Un chiste*

¿Qué hora es cuando te encuentras un elefante en tu cama?
... Es hora de que te busques otro lugar para dormir.

Paso 3

E 1 *Mapa de palabras*

1. Mira el modelo. Si no conoces alguna palabra búscala en el diccionario.

océano
mar
lago
río
arroyo
bañarse
ducharse
lavar(se)
nadar
bucear

AGUA

aguado
aguafiestas
aguacero
Claro como el agua
Se me hace la boca agua
Como pez en el agua

2. Haced otros mapas como este para las palabras:
mano - flor - ciudad - cabeza - pan.

E 2 *Un chiste*

Lee este chiste y completa los espacios con los verbos en imperativo (tú, segunda persona singular). Si es necesario, usa el diccionario.

Una mujer acompaña a su marido a la consulta del médico. Después de examinarlo, el médico llama a la mujer y le dice:

- Tu marido tiene una enfermedad muy grave y un estrés terrible. Si no haces lo que te digo, morirá pronto:

1. Cada mañana (prepararle) ______________ un desayuno muy completo y (llevárselo) ______________ a la cama.
2. (Ser) ______________ siempre muy amable con él e (intentar) ______________ que siempre esté de buen humor.

3. (Cocinarle) ______________________ cada día algo rico y diferente.

4. Cuando vuelve a casa tarde del trabajo, (esperarlo) ____________________ con una cena especial.

5. No (darle) ______________ tareas porque esto podría aumentar su estrés.

6. No (hablarle) __________________ de tus problemas ni (discutir) __________________ con él. (Decir) ______________ a todo que sí con una sonrisa.

7. (Hacerle) ______________ masajes si está muy cansado.

8. (Sentarse) __________________ con él y (mirar) ______________ deportes en televisión.

9. No (enfadarse) ______________________ cuando sale con sus amigos y vuelve tarde.

Si haces esto durante un año tu marido va a curarse completamente.
Cuando vuelven a casa el marido le pregunta a su mujer:
– ¿Qué te dijo el médico?
Ella le contesta:
– ...¡¡¡Te vas a morir!!!...

E 3 ***Una tarjeta de Navidad***
Traduce.

Ve
a ca-
minar –
levántate
tarde – dile a
alguien "te quiero
mucho" – sé un niño
otra vez – cumple tus pro-
mesas – termina un proyec-
to – haz una lista de las cosas
que haces bien – mímate un poco –
sueña despierto – apaga la tele – permíte-
te equivocarte – no digas "no puedo" – canta
en la ducha – mira fotos viejas – grita un ¡gooool! –
saluda a tu vecino – deja que alguien te cuide –
acepta un cumplido – relájate – por
hoy no te preocupes – dale nombre a una
estrella – corre – baila – sonríe a algún descono-
cido – llama a alguien por teléfono y dale una sorpresa –
hazte un regalo y comparte estas fiestas
con todos los que
conoces y ... con
todos los que
no conoces ...
también.

E 4 ***¡Practica las formas!***
1. Traduce y completa.

1. Suchen Sie den ____. ____________________.
2. Holen Sie die ____ heraus. ____________________.
3. Bezahlen Sie die ____. ____________________.
4. Beginnen Sie die ____. ____________________.
5. Hören Sie was ____. ____________________.
6. Bringen Sie mir bitte die ____. ____________________.
7. Machen Sie Ihre ____. ____________________.
8. Gehen Sie in ____. ____________________.
9. Sagen Sie ____. ____________________.

2. Escribe las mismas frases con la forma "tú".

E 5 ***Una poesía***
1. Traduce esta poesía. Usa el diccionario.
2. Busca datos sobre la autora.

Todos contra la contaminación

Que los hombres no manchen los ríos.
Que los hombres no manchen el mar.
Que los niños no maltraten los árboles.
Que los hombres no ensucien la ciudad.

(No quererse es lo que más contamina,
sobre el barco o bajo la mina.)

Que los tigres no tengan garras,
que los países no tengan guerras.

Que los niños no maten pájaros,
que los gatos no maten ratones,
y, sobre todo, que los hombres
no maten hombres

Gloria Fuentes

3. Fíjate en cómo tradujiste todos los "que" en estos versos.

E 6 ***Un chiste***
Lee y traduce con ayuda del diccionario. Fíjate en cómo traduces la última frase.
Jaimito le dice a su madre:
- ¡Mamá, mamá! En el colegio me han llamado "gángster".
- No te preocupes, hijo, mañana iré a hablar con la profesora.
- Vale. Pero que parezca un accidente ...

E 7 ***La frase***
Lee y traduce.
"Lo urgente no deja tiempo para lo importante"
Mafalda, personaje del Comic "Mafalda", Quino

Historia de España

Paso 1

E 1 ***Más frases condicionales***

Trabaja con tu compañero/a como en el modelo. Cambiad los roles: una vez tú preguntas y la próxima vez tu compañero/a pregunta.

Modelo: El precio del autobús va a aumentar.
A: ¿Qué harías si aumentara el precio del autobús?
B: Si aumentara el precio del autobús vendría al colegio en bicicleta o a pie.

mañana va a nevar - el director te llama a su oficina - en las vacaciones llueve todos los días - te ofrecen ir un año a la escuela en Argentina - te gusta un chico/a que habla solamente japonés - te invitan a una fiesta pero tienes que ir disfrazado[1] de sardina - escuchas un ruido raro y estás solo/a en casa - ...

E 2 ***Todos proponen***

Escribe diálogos como el modelo.

A: Tu bicicleta es muy vieja y está rota.
B: (comprar una nueva) Sí, sería mejor que me comprara una nueva.
A: La luz de mi bicicleta no funciona.

B: (repararla) ____________________

A: La lavadora tiene ya muchos años.

B: (venderla) ____________________

A: La camisa está bastante sucia.

B: (lavarla) ____________________

A: Los zapatos están rotos.

B: (tirarlos) ____________________
...

E 3 ***¿Qué me aconsejarías[2]?***

Escribe cinco situaciones un poco raras.
Léeselas a tu compañero/a y pregúntale que te aconsejaría hacer en cada una de ellas. Después cambiad los roles.

Modelo: A: Me ofrecieron un terreno en la Luna. ¿Qué me aconsejarías?
B: Te aconsejaría que ahorraras primero para comprarte una bici nueva. La tuya está bastante rota, la pobre.

E 4 ***Completa y compara***

Completa las siguientes frases y después compara con tu compañero/a.

1. Si tuviera dinero ____________________.
2. Si supiera esquiar ____________________.
3. Si hiciera buen tiempo ____________________.
4. Si vinieras a visitarme ____________________.
5. Si pudiera pasar un año en otro país ____________________.

[1] disfrazado: *verkleidet*   [2] aconsejar: *raten*

→

6. Si tuviera más tiempo ______________________________.
7. Si fuera un color ______________________________.
8. Si fuera un país ______________________________.
9. Si fuera un día de la semana ______________________________.
10. Si fuera un mueble ______________________________.
11. Si fuera un animal ______________________________.
12. Si ______________________________.
13. Si ______________________________.

E 5 ***Adivina, ¿qué es?***

1. Lee, piensa y adivina.

- Si fuera una parte del cuerpo sería la cara.
- Si fuera algo para comer sería un huevo.
- Si fuera una expresión sería de sorpresa.
- Si fuera un número necesitaría un compañero.
- Si fuera una nota a mis padres no les gustaría.
- Y si fuera temperatura te dejaría helado.

  ¿Qué es?

2. Piensa en otra adivinanza con: Si fuera ...

E 6 ***Una poesía de Rosa León***

Entre tu pueblo y mi pueblo
hay un punto y una raya.
La raya dice: "No hay paso",
el punto: "Vía cerrada".
Y así, entre todos los pueblos,
raya y punto, punto y raya.
Con tantas rayas y puntos
el mapa es un telegrama.
Caminando por el mundo
se ven ríos y montañas,
se ven selvas y desiertos,
pero ni puntos ni rayas,
porque estas cosas no existen,
sino que fueron trazadas
para que mi hambre y la tuya
estén siempre separadas.

1. ¿Qué significan los puntos y las rayas de la canción?
2. ¿Estás de acuerdo con lo que dice la autora? ¿Por qué?
3. Busca datos sobre la autora.

E 7 ***Un chiste***

Lee y traduce.

Un amigo le dice a otro:

- ¡Tú sólo piensas en el dinero!
- Te equivocas. También pienso en las mujeres.
- Ah ... ¿Sí? ¿Y en qué tipo de mujeres?
- En las que tienen dinero.

Paso 2

E 1 ***Guernica: La memoria colectiva del bombardeo***

Ahora vas a escuchar a tres sobrevivientes del bombardeo de Guernica: Koldo Gomeza, José Ramón Arriandega, Itziar Arzanegi.
Contesta las preguntas.

1. ¿Dónde estaban cuando empezó el ataque aéreo?
2. ¿Qué estaban haciendo?
3. ¿Qué hicieron al empezar el bombardeo?
4. ¿Cómo consiguieron sobrevivir el ataque aéreo?
5. ¿Qué significó el bombardeo de Guernica para sus vidas?

E 2 ***¿Tiene sentido hablar del pasado?***

Mira el modelo y formula frases condicionales irreales.
Modelo: Tenían los mismos problemas por eso tampoco encontraron soluciones fáciles.
Si no hubieran tenido los mismos problemas habrían encontrado ...

1. Muchos militares deseaban volver a tener un gobierno de derechas, por eso planearon un golpe de estado.
2. Durante la guerra civil el fanatismo influyó en muchos, por eso se mataron mutuamente.
3. No había tolerancia, por eso muchos rechazaron la ideología de los otros.
4. Detrás de la lucha de religiones había motivos políticos, por eso no quisieron hacer la paz.
5. La guerra civil frenó el desarrollo económico y cultural, por eso España perdió muchas posibilidades.

E 3 ***Robert Capa: Falling soldier***

1. Busca información sobre el fotógrafo Robert Capa.

2. Si les pudierais hacer preguntas al soldado y también al fotógrafo, ¿qué querríais saber? Haced dos listas.

preguntas al soldado	preguntas al fotógrafo
¿Cómo te llamas?	...

3. *Redacta un texto (diario personal, carta a un/a amigo/a) desde el punto de vista del soldado o del fotógrafo. ¿Qué pasó aquel día cuando se sacó la foto? ¿Qué pensaste? ¿Qué sentiste?*

E 4 ***¿Qué tal tu imaginación?***

Completa las siguientes frases:

1. Si mi vecina no se hubiera casado con ese hombre ...
2. Si aquel día no me hubiera encontrado con Pepitín ...
3. Si alguien la hubiera ayudado ...
4. Si hubiera aceptado tu propuesta ...
5. Si no hubiera llovido tanto ...
6. Si hubiera sido tan fácil ...

E 5 ***Lo que pudo haber sido y no fue***

¿Hay cosas en tu vida de las que te alegras? ¿Hay cosas de las que te lamentas? Intenta recordar dos cosas que te pasaron, o que hiciste y que fueron positivas, y otras dos que resultaron negativas.

cosas positivas	cosas negativas

¿Qué habría cambiado en tu vida si hubiera sido de otro modo? Coméntalo con tu compañero, como en los ejemplos:

Si no hubiera ido a la fiesta de Karen, no habría conocido a mi novio.
Si hubiera salido de casa más temprano ayer, no habría perdido el autobús.

E 6 ***Frases lindas***

Traduce.

Arbeite, als ob du kein Geld bräuchtest.
Tanze, als ob dir keiner zusehen würde.
Singe, als ob dir keiner zuhörte.
Lebe dein Leben, als wärst du im Paradies.

E 7 *Cuestión de lógica*

Escribe frases como el modelo.

Modelo: 1. Si Manolo hubiera mirado en la dirección correcta no habría tenido el accidente.

E 8 *Un chiste*

Lee y traduce.

- Papá, papá, ¿cómo se sabe si un hombre está borracho?
- Mira, hijo, ¿ves a esos dos hombres que vienen allá?, si yo estuviera borracho vería cuatro.
- Pero papá, sólo viene uno.

Paso 3

Materiales

Aquí tienes algunos materiales para entrar en el tema. Usa el diccionario.

1. Texto sobre Sabino
2. Mapa
3. Receta vasca
4. Poema o cuento
5. Texto sobre el museo Guggenheim en Bilbao
6. Texto sobre costumbres tradicionales
7. Texto sobre el euskera

E 1 Cien años de Sabino

Una imagen de Sabino Arana Goiri

"Salvar a nuestros hermanos, he ahí el único y verdadero fin del nacionalismo", escribía Sabino Arana, fundador del nacionalismo vasco, sobre la relación entre su pueblo y los españoles. Su meta era romper todos los vínculos que unen a España para salvar a los vascos.
Se ha destacado, con razón, el lugar de la religión católica en la ideología del primer nacionalista vasco. Sin duda lo que predicó Arana era una fe: su nacionalismo era una religión, una religión construida sobre el mito de la salvación. Había que expulsar a los extranjeros para conservar el ser de la raza, salida directamente de la mano de Dios.
Cien años después de su muerte, Sabino cabalga de nuevo. Quien desee comprobar el vigor de su presencia no tiene más que leer el manifiesto publicado por PNV (Partido Nacionalista Vasco) en 2003, que nos devuelve a Sabino en todo su esplendor guerrero, justificando cualquier actividad terrorista para alcanzar la independencia vasca ...
(El País, texto adaptado, 2003)

E 2 Mapa

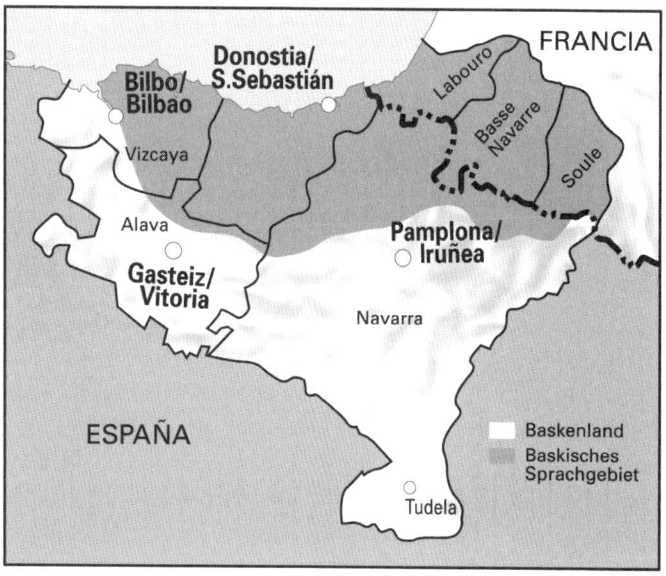

E 3 *Receta*

Marmitako

Este es un plato sencillo, típico de los pescadores vascos. En el barco, el cocinero disponía de pocos elementos para preparar la comida, pescado, unas patatas y poco más era suficiente para mantener contenta a la tripulación.

Ingredientes para 6 personas

1 kilo y 1/2 de bonito o atún blanco, fresco.
1 kilo de patatas blancas.
1 vaso de aceite de oliva.
1 cebolla grande.
1 pimiento verde.
4 pimientos choriceros.
Sal.

Preparación

Poner a remojo los pimientos choriceros la noche antes, también se les puede dar un hervor y dejarlos en el agua hasta que se vayan a usar.
Poner al fuego una cazuela de barro con el aceite y cuando esté caliente echar la cebolla y pimiento verde, finamente picados. Rehogar durante unos 5 minutos y antes de que se doren, se echan las patatas cortadas en dados, se mezcla todo, se cubre con agua y se deja hervir a fuego lento hasta que las patatas estén cocidas. Entonces echar el bonito cortado a tacos, manteniendo el hervor a fuego lento. Coger los pimientos choriceros y pasarlos por el pasapurés, echar el caldo resultante en la cazuela y dejar que hierva a fuego lento durante otros 10 minutos.

Servir en la misma cazuela.

E 4 *Miguel de Unamuno – Fragmento de "Niebla"*

Miguel de Unamuno (España, 1864-1936)
Niebla (fragmento)
"Mientras iba así hablando consigo mismo cruzó con Eugenia sin advertir siquiera el resplandor de sus ojos. La niebla espiritual era demasiado densa. Pero Eugenia, por su parte, sí se fijó en él, dieciéndose: "¿Quién será este joven?, ¡no tiene mal porte y parece bien acomodado!" Y es que, sin darse clara cuenta de ello, adivinó a uno que por la mañana la había seguido. Las mujeres saben siempre cuándo se las mira, aun sin verlas, y cuándo se las ve sin mirarlas.
Y siguieron los dos, Augusto y Eugenia, en direcciones contrarias, cortando con sus almas la enmarañada telaraña espiritual de la calle. Porque la calle forma un tejido en que se entrecruzan miradas de deseo, de envidia, de desdén, de compasión, de amor, de odio, viejas palabras cuyo espíritu quedó cristalizado, pensamientos, anhelos, toda una tela misteriosa que envuelve las almas de los que pasan.
[...]
El amor precede al conocimiento, y éste mata a aquel. Nihil volitum quin praecognictum, me enseñó el padre Zaramillo, pero yo he llegado a la conclusión contraria y es que nihil cognitum quin praevolitum. Conocer es perdonar, dicen. No, perdonar es conocer. Primero el amor, el conocimiento después. Pero ¿cómo no vi que me daba mate al descubierto? Y para amar algo, ¿qué basta? ¡Vislumbrarlo! El vislumbre; he aquí la intuición amorosa, el vislumbre en la niebla. Luego viene el precisarse, la visión perfecta, el resolverse la niebla en gotas de agua o en granizo, o en nieve, o en piedra. La ciencia es una pedrea. ¡No, no, niebla, niebla! ¡Quién fuera águila para pasearse por los senos de las nubes! Y ver al sol a través de ellas, como lumbre nebulosa también."

E 5 ***Museo Guggenheim de Bilbao***

En 1993 comenzaron las obras de construcción del museo, según el proyecto del arquitecto Frank O. Gehry. Al igual que el Museo Guggenheim de Nueva York, proyectado por Frank Lloyd Wright, el diseño arquitectónico es, en sí mismo, una verdadera obra de arte en la que se conjugan materiales como el acero, la piedra, el titanio o el agua. La apertura oficial del museo fue el sábado 18 de octubre de 1997. El museo tiene una superficie total de 24.000 m^2 (auditorium, librería, restaurante, etc.). Las salas de exposiciones cubren un total de más de 11.000 m^2, lo que permite tener una programación artística de primer nivel.

E 6 ***Costumbres tradicionales***

Las costumbres tradicionales del País Vasco tienen como actividades más características los juegos y deportes de carácter autóctono, "Herri Kirolak", cuyo origen debe buscarse en el trabajo diario del campesino. Estos deportes se practican en los pueblos los días de fiesta, llegando su práctica a regiones y países donde un día emigraron personas de estas tierras, como Argentina, Venezuela y Estados Unidos. Su finalidad es demostrar la fuerza o la habilidad de un participante frente a su contrincante. Es típico además, que se crucen apuestas entre el público.

Uno de estos deportes es el de los "Aizkolaris". Se trata de ver quién es el más rápido en cortar troncos de distintas medidas.

El levantamiento de piedras, practicado por los "Arrigasotzailes", consiste en levantar del suelo hasta los hombros, sin objetos ni mecanismos, piedras cuyo peso y características se determinan antes.

Los "Segalaris" siegan la mayor cantidad posible de heno o hierba con una guadaña en un tiempo determinado.

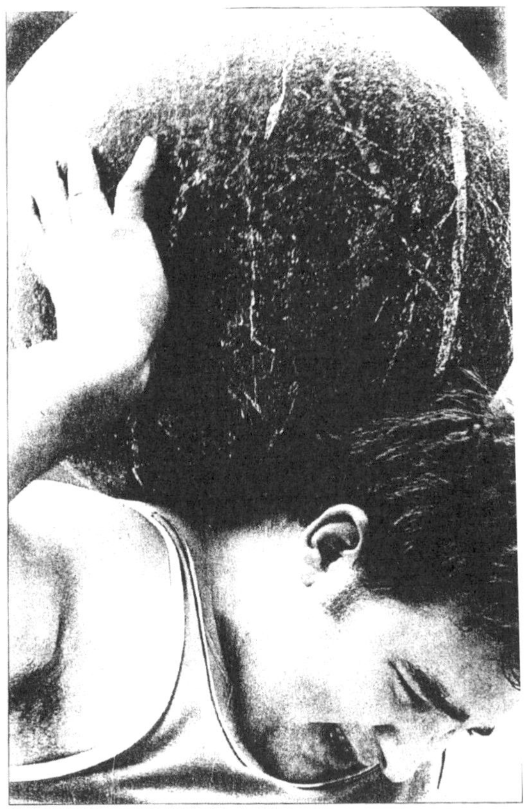

Pero el más universalmente conocido es el juego de la pelota vasca ...

(Miguel José Rouzat Subirá, Hispanorama 63, pág. 52, texto adaptado)

E 7 *El euskera*

Sobre el origen de esta lengua se puede decir muy poco, ya que los estudiosos todavía no se ponen de acuerdo. Existen las más diferentes teorías. Algunas muy disparatadas como la que dice que el euskera es una de las 72 lenguas surgidas por voluntad divina. Otros autores más modernos han propuesto un origen caucásico, ya que han encontrado similitudes léxicas y gramaticales con el georgiano. "Lo único que se sabe aquí es que nada se sabe" dijo Cánovas del Castillo, y la situación no ha mejorado mucho.
Lo que hace que el vasco o euskera sea una lengua muy diferente de sus vecinas, el francés y el español, es que la declinación tiene 15 casos distintos. En euskera no existe diferencia de género, es decir no existe la terminación a/o para determinar el género femenino o masculino. Para sustantivos como chico/chica existen dos palabras diferentes, mutil y neska. Para los adjetivos no hay diferencia. Aunque sí existe, a diferencia de las lenguas románicas, una forma masculina o femenina en algunos verbos.
Todos los tiempos verbales se forman con ayuda de un verbo auxiliar.
Algunas palabras típicamente vascas: agur = adiós; laguna = amigo; batasuna = unidad;

E 8 *¿Cómo se dice?*

Traduce.

Die ETA ist eine Terrororganisation aus dem Baskenland, das im Norden Spaniens liegt. Viele Basken wollen von Spanien unabhängig sein und eine eigene Regierung haben - die ETA verfolgt dieses Ziel mit Gewalt.
Die ETA gibt es schon seit 1959. Damals kämpfte sie friedlich gegen den damaligen spanischen Diktator, der den Basken ihre Sprache und ihre Kultur verboten hatte. Später wandelte sie sich zu einer gewalttätigen Organisation. Ihre zahlreichen Anschläge richteten sich häufig gegen Politiker, Polizisten und andere Vertreter des Staates. Die Terrorakte der ETA haben bisher mehr als 800 Menschen das Leben gekostet.
Die Buchstaben ETA stehen für „Euskadi Ta Azkatasuna", was „Das Baskenland und seine Freiheit" bedeutet.

E 9 *Un chiste*

Lee y traduce.

Dos vascos:
- Patxi, ¿tus vacas fuman?
- No.
- Pues entonces se está quemando tu casa.

E 10 *La frase*

Lee y traduce.

"La verdadera ciencia enseña, por encima de todo, a dudar y a ser ignorante."
Miguel de Unamuno (1864–1936), filósofo y escritor español

Paso 4

E 1 ***Seguridad pública***

¿Qué te sugiere esta caricatura? Escribe un comentario.

Consiga más seguridad: ¡arme a sus hijos!

E 2 ***España en Europa***

Sólo un 14 % de los jóvenes se identifica con España.
Nuevos estudios destacan un creciente localismo.
Los jóvenes españoles de entre 15 y 18 años se sienten cada vez más identificados con sus espacios geográficos más cercanos. El barrio, el pueblo o la ciudad son los lugares con los que se identifica el 60 %. Sólo el 10 % se identifica con su comunidad y un 14 % lo hace con España. Su identificación con Europa apenas representa un 2 %. En un congreso sobre adolescencia celebrado en Mollina (Málaga), un grupo de sociólogos, profesores, filósofos y otros expertos han analizado, entre otros aspectos, el localismo creciente, basándose en los últimos datos del Instituto de la Juventud correspondientes al año pasado.
El País, 2003

Escribe un resumen del texto con tus palabras.

E 3 ***¿Con qué te identificas tú?***

Formula frases en indicativo o subjuntivo sobre el tema. Utiliza:
No creo que ... - En mi opinión ... - En realidad ... - Pienso que ... - Es normal que ... - No sé si ... - Quiero decir que ... - A mí (no) me gusta que ...

E 4 ***¿Un chiste?***

Lee y traduce.
- Papá, para mi cumpleaños quiero una escopeta.
- ¡Ni hablar! - dice el padre - Eso no es posible.
- ¿Por qué no? - vuelve a insistir el niño.
- ¡Porque no! A ver, ¿quién manda en esta casa?
- Tú, pero si yo tuviera la escopeta ...

E 5 ***La frase***

Lee y traduce.
"Cuando me dicen que soy demasiado viejo para hacer una cosa, procuro hacerla en seguida."
Pablo Picasso (1881–1973), pintor español

Personajes famosos

Paso 1

E 1 ***Frases célebres***

1. Lee y traduce estas frases. Usa el diccionario.

1. "Resígnate a no haber podido hacer una cosa, pero nunca a no haberlo intentado si valía la pena." Amado Nervo
2. "En realidad nuestra experiencia no es más que un presente que responde sobre el pasado." Alejandro Dolina
3. "El público cree con mayor facilidad las más grandes necedades." Pío Baroja
4. "¿Callaremos ahora para llorar después?" Rubén Darío
5. "La memoria es el talento de los tontos." Marcelino Menéndez y Pelayo
6. "Mis tres únicos deseos son vivir infinitamente, que las mujeres me quieran y escribir muy buenos libros." Adolfo Bioy Casares
7. "Los hechos memorables no necesitan de frases memorables" Jorge Luis Borges

2. ¿Con cuál de estas frases estás más de acuerdo? ¿Por qué? ¿Y tu compañero/a?

3. Busca en Internet datos sobre los autores de las frases.

E 2 ***¿Y qué más te dijo?***

1. Escribe un diálogo.

Personas: Montse, 27 años, de Barcelona, vive y trabaja desde hace un mes en Madrid, no conoce a mucha gente.
Mark, alemán, 29 años, está en Madrid desde hace unas semanas, va a quedarse dos meses más para hacer un curso de español.

Situación: Están en el Museo del Prado, los dos están mirando "Las Meninas" de Velázquez. Montse y Mark no se conocen pero comienzan a charlar. Es jueves. El viernes Montse llama a su amiga Natalia y le cuenta su conversación con Mark.

2. Escribe el diálogo entre las dos amigas.

E 3 ***Una entrevista con humor***

María Esther de Miguel *es una escritora argentina, autora de novelas históricas. Lee esta pequeña parte de una entrevista y escríbela en estilo indirecto (pasado).*

Periodista: ¿Qué siglo le gusta más?
María Esther: El que vendrá.
Periodista: ¿En qué personaje le gustaría reencarnarse?
María Esther: En María Esther: ya la conozco.
Periodista: ¿Le gustaría medir 90-60-90 por una semana?
María Esther: No me gusta soñar imposibles.
Periodista: Si la visitara Drácula, ¿qué le propondría?
María Esther: Que fuera a mi dentista.
Periodista: ¿Cuál es la mejor edad de una mujer?
María Esther: La edad en que es feliz.
Periodista: ¿Y la peor?
María Esther: Para mí, la peor fue la adolescencia: no entendía nada, y día por medio quería suicidarme.
Periodista: ¿Cuándo se enamoró por primera vez?
María Esther: A los cuatro años.
Periodista: Defina a Borges en dos palabras.
María Esther: Un maestro.
Periodista: ¿Tiene deseos inconfesables?
María Esther: Por supuesto.
Periodista: ¿Puede confesar uno?
María Esther: Está bien. Quiero que termines de hacerme preguntas.

E 4 ***Dice la profesora que hagas este ejercicio***

Traduce.

1. Sag Carmen, sie soll kommen.
2. Sag Nenucho, er soll die Tür aufmachen.
3. Sag Ofelia, sie soll Guillermito anrufen.
4. Sag dem Nachbarn, er soll die Musik leiser hören.
5. Sag deinem Freund, er soll dich um 23.00 Uhr nach Hause bringen.
6. Sag dem Opa, er soll die Zeitung kaufen.
7. Noch einen Wunsch?

E 5 ***Un marido ideal***

La señora Queca le dijo a su marido:

1. ¡Qué cansada estoy! Dame un té.
2. Me duele la cabeza. Cómprame unas aspirinas.
3. Tengo hambre. Prepárame una tortilla.
4. Hace frío. Enciende la calefacción[1].
5. Ahora tengo calor. Apaga[2] la calefacción.
6. ¡Uy, qué tarde es! Ve a buscar a los niños a la escuela.

1. Repite lo que dijo la señora Queca usando el estilo indirecto.
2. Escribe unas frases más y pídele a tu compañero/a que las repita con el estilo indirecto.

E 6 ***A adivinar***

Describe algo que los demás deben adivinar. Usa el diccionario.

Modelo: Algo por lo que la gente hace cualquier tontería. ¿Qué es?
Una cosa con la que puedes abrir una lata. ¿Qué es?

E 7 ***Un director de cine famoso***

1. Cuenta en castellano lo que dice esta pequeña biografía.

Carlos Saura wurde 1932 in Spanien geboren. Zuerst war er Fotograf, dann Regisseur. Er erhielt zahlreiche Auszeichnungen, darunter 1963 den Goldenen Bären beim Berliner Filmfestival für seinen Film *La caza*. Er war von Luis Buñuel und Ingmar Bergman beeinflusst und einer der bekanntesten Vertreter des neuen spanischen Films. In Deutschland wurden in den letzten Jahren besonders zwei seiner Filme gefeiert: *Bodas de sangre* (1981) und *Carmen* (1983).

2. ¿Has visto alguna película de Saura? ¿Te gustó?

E 8 ***Un chiste***

1. Lee y traduce.
2. Marca las formas de pretérito pluscuamperfecto del subjuntivo.

Estaban dos hombres en el cielo y uno le pregunta al otro:

- ¿Y tú de que moriste?
- Congelado, ¿y tú?
- De la risa.
- ¿Cómo de la risa?
- Sí, es que yo pensaba que mi esposa me estaba engañando con otro hombre, entonces le dije que iba a irme por dos días a un viaje de trabajo, pero no me fui y regresé ese mismo día para ver si la encontraba con otro hombre. Cuando llegué, busqué por toda la casa pero no encontré nada. Entonces, empecé a reír y reí hasta que morí.
- ¡Tonto! Si hubieras buscado en la nevera nos hubiéramos salvado los dos.

[1] calefacción: *Heizung* [2] apagar: *ausschalten*

Paso 2

E 1 ***Quiero vivir***

Transforma el siguiente texto en el estilo indirecto.

"Me gustan mucho las cosas, la vida, la gente. El dolor no, eso no lo soporto. No tengo miedo de la muerte, pero quiero vivir.
A mí me gustaría vivir a mí manera … . Yo querría vivir a gusto detrás de la cortina de la locura: arreglaría las flores todo el día, pintaría el dolor, el amor y la ternura, me reiría de la estupidez de los otros … .
Siete operaciones en la columna vertebral. El doctor Farril me ha vuelto a dar la alegría de vivir. Todavía estoy en la silla de ruedas y no sé si pronto empezaré a andar.
La *big* operación ha pasado. Y el médico es tan maravilloso y mi *body* está tan lleno de vitalidad que hoy me han hecho levantar sobre mis *poor feet* durante dos minutos, pero ni yo misma me lo *believo*. Las dos *first* semanas han sido de sufrimientos y lágrimas, no deseo estos dolores a *nobody*."

Frida escribió que le gustaban mucho las cosas …

E 2 ***¿Cuándo, cómo y por qué?***

1. Lee estas frases en estilo indirecto. Escríbelas en estilo directo.

1. Mis compañeros piensan que los problemas del país tienen solución.
2. Dijo que solamente había venido por la comida.
3. Comentó que no le importaba lo que dijera la gente.
4. Me dijo que había olvidado dejar la llave.
5. Le dijo que no quería saber más nada de él.
6. Nos dijo que si bebíamos no debíamos conducir.
7. Le dije que me gustaría volver a verlo.

2. ¿En qué situaciones crees que se dijeron estas frases? Compara después con tu compañero/a. ¿Tuvisteis las mismas ideas?

E 3 ***Una escritora famosa***

1. Cuenta en castellano lo que dice esta pequeña biografía.

Isabel Allende wurde 1942 in Chile geboren. Sie war Nichte des 1973 durch Pinochets Militärputsch getöteten Präsidenten Salvador Allende. Ihr erster Beruf war Journalist. Einen Welterfolg hatte sie 1982 mit dem Roman "La casa de los espíritus". 1984 erschien "De amor y de sombra", 1989 "Eva Luna". Sie hat auch Kurzerzählungen geschrieben wie "Los cuentos de Eva Luna".
Sie lebt seit 1973 in den USA.

2. ¿Has leído alguno de sus libros? ¿Qué te parecen?

E 4 ***Periodista por un día***

Pega[1] la foto de una persona famosa y escribe las preguntas que le harías. ¿Qué crees que te contestaría? Escribe la entrevista.

E 5 ***Extremos***

Forma pares de sinónimos y antónimos. Si falta alguna palabra, complétala. Usa el diccionario.

aburrido – adinerado – afeminado – arrogante – bohemio – complicado – deportista – desprotegido – divertido – elegante – extrovertido – feminista – fiel – hippy – infiel – intelectual – inteligente – joven – machista – misógino – ordinario – protector – raro – sencillo – sumiso – tímido – viejo

[1] pegar: *kleben*

E 6 ***Famosos y famosas***

Elige a una de estas personas y descríbela usando el vocabulario de E 5. Después lee tu descripción a tu compañero/a. ¿Sabe él/ella de quién se trata?

E 7 ***La mujer hoy***

1. Escucha el texto y escribe los números que faltan.
2. Escribe por lo menos[1] cinco frases en donde expreses tu opinión y/o sentimientos sobre este texto.

- De ______ millones de adultos analfabetos, el ______ son mujeres.
- ______ de las mujeres sufren agresiones físicas.
- Cada ______ segundos se abusa físicamente de una mujer.
- ______ mujeres mueren cada año por complicaciones en el embarazo.
- Cada día mueren ______ mujeres como consecuencia de un aborto.
- A las mujeres les pagan un ______ menos que a los hombres, haciendo el mismo trabajo.
- Las mujeres hacen los ______ del trabajo del mundo, pero reciben sólo el ______ del ingreso mundial y poseen sólo el ______ de la tierra del mundo.
- Si al trabajo de la mujer en la casa se le diera valor económico sumaría ______ de dólares.
- De ______ de niños que no van a la escuela, el ______ son niñas.
- Cada año se destinan ______ de dólares para armas, en cambio la cifra no llega a ______ para la educación.
- Hay ______ de mujeres y niñas mutiladas en sus órganos sexuales. Cada año son mutiladas ______.
- El ______ de los campesinos pobres son mujeres.

E 8 ***Un chiste***

Lee y traduce.

Jaimito se acerca a la bibliotecaria y le pregunta:
- Señorita, ¿Dónde está el libro "Hombre, un ser perfecto"?

Y ella le contesta:
- Allá al fondo, en la categoría de ciencia-ficción.

[1] por lo menos: *mindestens*

Paso 3

E 1 ***Construyendo frases***
Forma frases completas usando las palabras que sean necesarias.

La biblioteca	hablaron ayer en el conferencia?
La empresa	te mostré aquel cuadro.
Es la pintora	hablabas es mi editor.
¿Has visto el cuadro	trabaja es una habitación muy grande y con mucha luz.
El hombre	trabajaba tiene ahora graves problemas.
¿Es la misma película	pagué 1.500 Euros?

de la que — en la que — por el que — con el que — para la que — sobre la que

E 2 ***Informaciones sobre Yucatán***
Completa el siguiente texto.

La Península de Yucatán está situada en el sureste de México, frente a las costas del sur de los Estados Unidos. La península yucateca es un puente con __________ se unen México, las islas del Caribe y los países de Centroamérica. También es el punto ideal desde __________ se pueden explorar las maravillas de la cultura Maya.
Mérida, a __________ se conoce como "Ciudad Blanca", es la capital del estado de Yucatán. Este nombre con __________ se la identifica se debe al color de sus construcciones y a la limpieza de sus calles.
A sólo 30 minutos por carretera se encuentra el puerto de Progreso desde __________ se puede llegar en noventa minutos de avión a ciudades como Florida, Texas y Lousiana.
La ciudad de Mérida es una de las ciudades más seguras de México, por __________ puedes andar sin riesgos tanto de día como de noche.

E 3 ***Traduce***
1. Herr Méndez, dessen Betrieb ich neulich kennengelernt habe, besucht uns morgen.
2. Meine Freundin Micaela wohnt in einem Haus, dessen Alter auf 350 Jahre geschätzt wird.
3. Ist das die Frau, deren Mann verunglückt ist?
4. Sind das die Kinder, deren Eltern im zweiten Stock wohnen?
5. Die Frauen, deren Töchter zusammen in die Schule gehen, sind im Schwimmbad.
6. Meine Tante, deren Auto kaputt ist, hat mich angerufen.

E 4 ***Vamos a poner orden***

Vuelve a escribir las siguientes frases en orden:

1. japonés vivo chico el con que es el
2. bonita la en la escribo mesa que muy es
3. que la de pintora se Frida la hablé te Kahlo llama
4. muy sobre tema el que habló no interesante se era el
5. pagué el éste euros es solamente que por cuadro ochenta y cinco el
6. la a ayer que chica vimos ésa la biblioteca es la en

E 5 ***Se ha perdido una palabra***

1. En las siguientes frases falta el verbo. Completa.

1. El ministro negó que ________________ problemas con el presidente.
2. El jefe no conoce a nadie que ________________ chino.
3. No existe nada que ____________ tan bonito y tan barato como este extraordinario objeto.
4. No hay ninguna persona que ________________ mover las cosas sin tocarlas.
5. No existe ninguna ciudad en la que no ________________ problemas de contaminación.
6. No conozco a ningún hombre que ________________ planchar.
7. Y yo a ninguna mujer que ________________ algo de fútbol.

2. ¿Qué opinas de alguna de estas frases? ¿Estás de acuerdo?

E 6 ***Se busca novio***

Juanita habla con su amiga Milagros de su ex-novio Pepitín.

1. ¿Por qué Pepitín es un desastre? Escribe una lista.

2. Juanita escribe un anuncio en el periódico. ¿Qué pone?

Busco un novio ...

E 7 ***Un chiste***

Lee y traduce.

Dice un enamorado:

En la mañana no desayuno porque pienso en ti, al mediodía no almuerzo porque pienso en ti, en la tarde no meriendo porque pienso en ti, y en la noche no duermo, ¡porque tengo hambre!

E 8 ***La frase***

Lee y traduce.

"El que lee mucho y anda mucho, ve mucho y sabe mucho."

Miguel de Cervantes Saavedra (1547–1616), escritor español

Paso 4

E 1 ***Traduce***

1. Aunque no tengo hambre comeré un bocadillo de jamón y queso.
2. Aunque sea caro, lo compraré.
3. Aunque haga frío, iré a nadar.
4. Aunque estés enfadado conmigo, iré a tu casa para hablar contigo.
5. Aunque gana poco, vive bastante bien.
6. Aunque hace poco que vive aquí, ya conoce a bastante gente.
7. Aunque seas tan guapa y simpática, no tengo un puesto de trabajo para ti.
8. Aunque no me gusta mucho, beberé un té verde.

E 2 ***Dos personas, dos mundos***

Construye diálogos como el modelo. A veces necesitas la negación.

Él: Mañana no iré a jugar al tenis. Lloverá.
Ella: Pues, **aunque llueva**, yo iré.
Él: Mañana iré a nadar. Hará calor.

Ella: ______________________________.

Él: Por la tarde miraré el partido. Juega España.

Ella: ______________________________.

Él: Iré al cine. Ponen una buena película.

Ella: ______________________________.

En parejas, continuad con los diálogos.

E 3 ***Preguntas y respuestas***

1. Relaciona las respuestas con las preguntas correspondientes.

1. Aunque tenga poco tiempo iré a visitar a María.	a. ¿Podrás ayudarme un poco?
2. Aunque tengo mucho trabajo, te ayudaré con el nuevo proyecto de tu empresa.	b. ¿Irás a visitarla?
3. Aunque no lo necesito, lo compraré. Está baratísimo.	c. ¿Comprarás ese abrelatas?
4. Aunque no tengo ganas, iré a la fiesta.	d. ¿Es verdad que cruzarás el desierto en camello[1]?
5. Aunque te parezca una locura, lo haré.	e. ¿Irás esta noche a la fiesta de fin de año?

2. Escribe ahora tú unas respuestas y dáselas a tu compañero/a para que escriba la pregunta correspondiente.

E 4 ***Aunque ya entiendas el "aunque"***

Forma frases con aunque + Indicativo o + Subjuntivo

1. Es muy tarde pero todavía hace mucho calor.
2. Tiene tres coches pero va en bicicleta al trabajo.
3. No lo creerás pero he aprobado el examen de matemáticas.
4. Tengo miedo al avión pero iré a la Argentina para visitar a Mónica.
5. Ganaron el partido sólo por un gol[2].
6. Iré a la fiesta pero no bailaré.

E 5 ***¿Recuerdas la diferencia?***

1. Mira el modelo y explica cómo se utilizan los verbos recordar y acordarse. Escribe una regla.

Él: ¿Recuerdas el día en que nos conocimos?
Ella: Claro, mi amor, me acuerdo del día, del mes, de la hora y del lugar.

2. Escribe cinco frases con cada uno de estos verbos.

[1] camello: *Kamel* [2] gol: *Tor (Fußball)*

E 6 ***¡Pobre gatito!***

Ha desaparecido el gato de la famosa actriz Mimí Pecas. Ha venido la policía y le ha hecho algunas preguntas.

1. Primero completa con las formas correctas de recordar o acordarse. Después ordena el cuestionario.

Preguntas

1. ¿____________________ de la última vez que lo vio?
2. ¿____________________ el día?
3. ¿____________________ la hora?
4. ¿De la mañana?
5. ¿____________________ del lugar?
6. ¿____________________ si había alguien allí?
7. ¿____________________ si era hombre o mujer?
8. ¿____________________ de cómo estaba vestido?
9. ¿____________________ si le dijo algo?
10. ¿____________________ si estaba nervioso?
11. ¿Quién? ¿El gatito?

Respuestas

a. No, no me ____________________.

b. ¡De la tarde, guapo!

c. ____________________ que había alguien, sí.

d. ¡Qué va! Estaba muy tranquilo. La que estaba nerviosa era yo. ¡Tenía unos ojos!

e. Ay, no me ____________________.

f. Sí, ____________________ que fue hace un par de días.

g. Creo ____________________ que estaba en la acera de enfrente, con su pelotita rosa.

h. El guapo, hombre, digo, el hombre, guapo. ¡Mmmm!

i. Hombre, hombre.

j. Mmm, ____________________ que fue después de desayunar, a las cuatro o cinco.

k. Sí, ____________________ que dijo que el gatito era casi tan lindo como su dueña.
¡Qué simpático!,¿ no?

2. ¿Y tú que crees? ¿Dónde esta Meñique, el gatito de Mimí? Escribe algunas hipótesis.

E 7 ***¿Te acuerdas?***

Escribe o dibuja algún recuerdo de cuando eras niño/a y después cuéntaselo a tu compañero/a.

E 8 **Radiografía**

1. Lee este cuestionario a un español de clase media. Si es necesario usa el diccionario.

Nombre: Ramiro Santos Torreta
Profesión: empleado de banco
Fecha de nacimiento: 28.03.1946
Lugar: Portonovo (Sanxenxo)
Altura y peso: 1,79 m. - 77 kg.
Estado civil: casado
Signo del zodiaco: Aries
Animal preferido: el león
Color: el rojo
Número de la suerte: 7
Un escritor: Pío Baroja
Un libro: El lobo estepario
Un actor: Jack Nicholson
Una actriz: Jodie Foster
Una película: Lo que el viento se llevó
Grupo o cantante preferido: Queen
Canción preferida: Palabras de amor, de Serrat
Deporte que más le gusta: el baloncesto
Deportista que admira: Induráin
Un político: ninguno
¿Qué se llevaría a una isla desierta?: a mi familia
¿Qué tres deseos le pediría a la lámpara de Aladino?: paz, salud, dinero
Si fuera invisible, ¿qué sería lo primero que haría?: hacerme visible
¿Qué le gustaría que estuviera escrito en su epitafio?: mi nombre
¿Qué es lo que siempre quiso hacer y todavía no ha hecho?: Tocar el timbre de una casa y salir corriendo.
Personaje histórico preferido: Miguel Ángel
¿Su virtud?: la inteligencia
¿Su defecto?: la impulsividad
Una manía: el orden
Un vicio: fumar
Las mujeres, ¿rubias o morenas?: todas
Su comida preferida: la tortilla de patatas
Una ciudad donde le gustaría vivir: Santiago de Compostela

2. Hazle el mismo cuestionario a tu compañero. ¿Quieres agregar alguna pregunta?

E 9 **Un chiste**

Lee y traduce.

Se estaba haciendo una campaña para donar cosas para el asilo de ancianos. Las voluntarias iban de casa en casa pidiendo donativos.
De pronto llegan a la casa de Jaimito y le dicen:
- Aunque seas todavía muy pequeño, ¿quieres donar algo para el asilo de ancianos?
Jaimito contesta:
- Sí. ¡¡¡Abueloooooooooo!!!

España y Latinoamérica: un idioma y dos culturas

Paso 1

E 1 ***Este ejercicio fue hecho por los alumnos***

Escribe las siguientes frases en voz pasiva.

1. Los habitantes eligieron al presidente.
2. Manuela puso la mesa.
3. La revista Primera Plana publicó por primera vez Mafalda.
4. Contó una historia increíble.
5. Luis compró la casa de los Sánchez.
6. Dos hombres me robaron los documentos y el dinero.
7. Compró un remedio para el dolor de garganta.
8. La familia ocupó las tres habitaciones principales.

E 2 ***Y viceversa***

Ahora escribe las frases en voz activa.

1. Un vaso de agua fue servido por la mujer.
2. Un poco de dinero fue sacado por Marcos de su bolsillo[1].
3. Las cartas fueron dadas por Pepe.
4. El niño fue llevado a la escuela por su abuela.
5. Mafalda fue leída por miles de personas en todo el mundo.
6. Toda la información será conocida mañana por nosotros.

[1] bolsillo: *Hosentasche*

E 3 *¿Por quién?*

Completa.

1. Los clientes fueron servidos rápidamente ________________________________.
2. El pueblo fue visitado ________________________________.
3. La penicilina fue descubierta ________________________________.
4. El agua está formada ________________________________.
5. Pompeya fue destruida ________________________________.
6. El Guernica fue pintado ________________________________.

E 4 ***El futuro depende de la pluralidad, más allá de tópicos***

LA VANGUARDIA - 31/03/2004

Suzanne McNamara nació y creció en Alaska, donde permanece un legado cultural y religioso del colonialismo ruso. Tamara Zaietzeva nació y creció en Yalta, Ucrania, donde nunca supo lo que eran la Coca-Cola y el McDonald's. Ahora viven en Barcelona y, al darse la mano el pasado viernes en el FAD, coincidieron en manifestar que "el futuro depende de la pluralidad, más allá de los tópicos y las exclusividades". Se criaron asumiendo los tópicos y exclusividades que los enemigos de la guerra fría - la URSS y EE.UU. - se lanzaban a diario. Hoy, con esa experiencia a cuestas, valoran la concordia que hay en Barcelona, y que pudieron experimentar en las recientes manifestaciones contra el terrorismo y la guerra en Iraq.

Esta concordia se respira en la galería Doque donde los bonaerenses Paula Galli y Raúl Flores se han convertido en el punto referencial del arte latinoamericano en Barcelona. "Lo nuestro es un gesto político a favor de la comunicación artística entre América Latina y Barcelona", explica Gelli, convencida de lo mucho que hay para ganar en este diálogo. La diversidad cultural es uno de los aspectos que más valoran los clientes de Beatriz Carro, de Barcelona Relocation, una compañía que facilita la instalación de los recién llegados. Trabaja, sobre todo, con británicos y estadounidenses, gente que "desea cambiar de vida y que, al pensar en España, se decanta por Barcelona porque la ciudad es rica culturalmente, agradable para vivir y está cerca de Europa".

(texto acortado) *http://www.lavanguardia.es/web/20040331/51153792543.html*

1. ¿Has entendido el texto?

1. ¿De qué países vienen las personas mencionadas?
2. Apunta cuatro aspectos que la gente valora positivamente en Barcelona.
3. Interpreta la frase del título "El mundo depende de la pluralidad."

2. Tormenta de ideas

¿Qué se os ocurre cuando pensáis en "pluralidad"?

E 5 ***Un escritor genial***

1. Cuenta en castellano lo que dice esta pequeña biografía.

Mario Vargas Llosa ist ein peruanischer Schriftsteller. Er wurde 1936 in Arequipa geboren. Die ersten literarischen Erfolge errang er mit der Sammlung von Kurzerzählungen "Los jefes", 1959. Er lebt in London und gehört zu den herausragenden Vertretern der Nueva Novela, neben Gabriel García Márquez, Carlos Fuentes und Julio Cortázar. Seine bekanntesten Werke sind "La ciudad y los perros", 1962, "Conversación en la catedral", 1977, "La tía Julia y el escribidor", 1981, "La fiesta del Chivo", 2000.
1990 ließ sich Vargas Llosa als Kandidat für die Präsidentschaft Perus aufstellen, unterlag aber in einer Stichwahl.

2. ¿Has leído alguno de sus libros? ¿Qué te parecen?

E 6 ***Para pensar***

Busca definiciones para estas palabras. Después léeselas a tu compañero/a. Él/Ella va a adivinar de qué palabra se trata.

prehistoria - antisocial - inconsciente - sobrevivir - invisible - insoportable - transparente - prejuicio - desconfiar - extraterrestre - biografía - analfabeto - sobremesa - bilingüe

E 7 ***Un chiste de Mafalda***

E 8 ***La frase***

Lee y traduce.

"La sonrisa es el idioma general de los hombres inteligentes. Sólo son tristes los tontos y los delincuentes."

Víctor Ruiz Iriarte, dramaturgo español

Paso 2

E 1 ***Hay cosas peores***

Escribe frases impersonales con los siguientes verbos. Después compara con tu compañero/a:

hay - dicen - se dice - se comenta - hace - hubo

E 2 ***El español idioma oficial de Naciones Unidas***

Los reglamentos de la Asamblea General, el Consejo de Seguridad y el Consejo Económico y Social de Naciones Unidas establecen que el árabe, el chino, el español, el francés, el inglés y el ruso son a la vez los idiomas oficiales y los idiomas de trabajo de la Asamblea General, sus comisiones y sus subcomisiones; así como también del Consejo de Seguridad. También a nivel reglamentario está establecido que el árabe, el chino, el español, el francés, el inglés y el ruso son los idiomas oficiales; y el español, el francés y el inglés los idiomas de trabajo, del Consejo Económico y Social. http://www.spainun.org/pages/SpanishatUN.cfm

Busca informaciones con ayuda de Internet sobre el papel que desempeña España en la Unión Europea.

E 3 ***Se han perdido unos títulos y me han dicho que tú los tienes***

1. Lee las siguientes noticias y después escribe un título para cada una.

En una vieja estación de tren abandonada en Baradero, provincia de Buenos Aires, funciona un colegio distinto. Allí los alumnos viven una semana de cada tres y lo que aprenden lo aplican en sus casas. Son cien alumnos con "hambre" de aprender, además tienen una huerta y crían animales. Se trata de que los alumnos puedan estudiar y trabajar al mismo tiempo, y que pongan en práctica lo que aprenden en la escuela, que tiene una fuerte orientación agropecuaria. "Usted no puede comparar esta escuela con ninguna otra - dice Soledad Vega, 17 años y alumna del último año del bachillerato -, en otras escuelas se trabaja en grupo, pero aquí se convive en grupo.

Una investigación realizada en EE.UU. sostiene que hacer cualquier tipo de actividad alarga la existencia. Incluso las tareas domésticas diarias o actividades como cortar el pasto o pasear al perro ayudan tanto como ir al gimnasio. Lo importante es moverse, no ser sedentario y evitar el sobrepeso. La novedad es que los especialistas no mencionaron actividades o deportes específicos sino que dieron fundamental importancia a tareas que ayudan a poner el cuerpo en movimiento como subir o bajar escaleras, caminar o pasar la aspiradora, entre otras.

Una mujer de 43 años fue herida ayer de un balazo en un pie por dos hombres que entraron en su casa del Pasaje Humboldt, en la zona sur de Granada. La mujer y su familia habían protestado por los ruidos producidos durante una fiesta en una casa vecina. A las 9.30 de la mañana los desconocidos llegaron en una moto y realizaron más de siete disparos con un arma calibre 11,25. Una de las balas le pegó en el pie derecho a la mujer. La policía investiga la identidad de los agresores.

2. Compara con el resto del grupo. ¿Quién tiene el mejor título? ¿Y el más original?

E 4 ***Dime cómo te llamas y te diré quién eres***

1. Lee el siguiente texto y escribe en alemán lo que has comprendido.

Nombres

Los nombres son signos lingüísticos que sirven para identificar personas, lugares y otras cosas. Antes surgían de palabras comunes y tenían un significado transparente. Con el paso de los años sus significados se fueron oscureciendo.
En España existen nombres vascos, catalanes o gallegos. Algunos se pueden deducir: Girona - Gerona, A Coruña - La Coruña, Bilbo - Bilbao. Otros hay que aprenderlos: Vitoria - Gasteiz, San Sebastián - Donostia.
Algunos nombres de calles y plazas ligados con el franquismo desaparecieron. Ahora hay nombres relacionados con la democracia: Avenida de la Constitución.
En 1870 se crea el Registro Civil y se reconoce de forma legal el uso de doble apellido: el primero, del padre y el segundo de la madre.
En Cataluña los dos apellidos se unen con "i" (en la lengua catalana no existe la "y"). Esta forma de unir los dos apellidos en Cataluña tiene un origen histórico: cuando se casaba la hija de una familia poderosa, ésta no quería perder su apellido, entonces con la "i" ("y") unían las dos "fuerzas".
El nombre Jesús, Jesusa, hoy típicos en España, no podían usarse en la Edad Media. José, aparece en el siglo XV o XVI, pero su verdadero auge es en el siglo XVIII.
Algunos apellidos de santos quedaron como nombres, por ejemplo Oriol en Cataluña.
Otros apellidos pertenecen mayoritariamente a algunas regiones españolas. Por ejemplo: Rodríguez, Fernández, Pérez son típicos de Castilla. Pujol, Puig, Roca son apellidos catalanes. Heredia, Vargas son típicamente gitanos.

2. ¿Conoces el origen de tu apellido?
3. ¿Sabes por qué tienes tu nombre? Habla con tus compañeros. Seguro que tenéis historias interesantes para contar y escuchar.
4. ¿Desde cuándo existe el Registro Civil en Alemania?

E 5 ***Un chiste***

Lee y traduce.

Un ladrón va a medianoche a robar en una casa. Entra por una ventana, y cuando está adentro, en la oscuridad, escucha una voz que dice:

- ¡Jesús te está mirando!

Entonces el ladrón se asusta y espera unos minutos. Luego, como ve que no pasa nada más, continúa. De pronto, otra vez la misma voz que dice:

- ¡Jesús te está mirando!

El ladrón, muy asustado, enciende la luz de la habitación y ve que la voz venía de un loro que está en una jaula. El ladrón le dice:

- ¡Qué susto me diste! ¿Cómo te llamas, lorito?

El loro contesta:

- Me llamo Pedro.
- Pedro es un nombre muy raro para un loro.

Y el loro dice:

- Más raro es el nombre Jesús para un Doberman.

E 6 ***¿Cómo se llama ...***

el ministro mexicano de alimentación?	Pancho Colate
el japonés más pacifista?	Nitiro Tirito
el chino con el pelo más sucio[1]?	Sin Cham Pú
el japonés más tacaño[2]?	Mekedo Kontodo
el chino que tiene más pulgas?	Chi Gua Gua
el chino más alto?	Chin Fin
el soldado árabe más limpio[3]?	Lava-La Bala
el comerciante japonés más justo?	Nikito Nipongo

Ahora tú. Piensa en dos o tres nombres más.

Paso 3

E 1 ***Un ejercicito***

1. *Busca palabras con los siguientes sufijos:*
   able - ante - azo/a - ente - ible - iente - illo/a - ito/a.
2. *¿Cuáles de estos sufijos forman diminutivos?*

E 2 ***Más de lo mismito***

Escribe el diminutivo de las siguientes palabras y completa tu lista de E1.

casa	________________	pez[4]	________________
libro	________________	luz	________________
mesa	________________	cosa	________________
pie	________________	hijo	________________
papel	________________	pan	________________
lápiz	________________	león	________________

[1] sucio: *schmutzig* [2] tacaño: *geizig* [3] limpio: *sauber* [4] pez: *Fisch (lebendig)*

E 3 ***Las ruedas de la vida***

Escribe una frase para cada dibujo.
¿Con qué "rueda" te identificas?

E 4 ***~~Querido~~ Estimado jefe:***

Estás harto/a de tu jefe y no quieres trabajar más en ese lugar porque has encontrado algo mejor. Escríbele una carta explicando tus razones. Pero ... en esta carta debes usar todas las preposiciones:
a - ante - bajo - con - contra - de - desde - durante - en - entre - hacia - hasta - mediante - para - por - según - sin - sobre. *¡Suerte!*

E 5 ***Un chiste***

Lee y traduce.

El jefe ordena a su secretaria escribir una nota, citando a todo el personal para una reunión el próximo viernes. La secretaria no muy experta en ortografía, pregunta a su jefe:
- ¿Cómo se escribe viernes, con v o b?

El jefe responde:
- ¡Cambie la reunión para el lunes!

Paso 4

E 1 ***Para reír***

1. Mira el chiste e imagina que tú, que sabes mucho español, tienes que explicárselo a un amigo/a que no habla esta lengua. ¿Qué le dirías?

2. ¿Crees que este chiste tiene algo de verdad?

EL APASIONANTE MUNDO DE LOS "CHAT"

E 2 ***Cartas***

1. Relaciona.

¿Qué carta le interesa a una persona que ...

1. ... cree que las familias han perdido sus valores más importantes?
2. ... no encuentra en el periódico ofertas interesantes para los que les gusta hacer excursiones?
3. ... piensa que los jóvenes son mejores de lo que creen algunos mayores?
4. ... piensa que hay jóvenes que respetan mucho a los mayores?
5. ... está en contra del racismo?
6. ... quiere una ciudad limpia?

2. Escribe un título para cada carta.

a.

A ti te escribo, al chico de la cabeza rapada que estaba escondido detrás del anonimato de un grupo. A ti, que junto con tus amigos, le estabas pegando a un chaval que pasaba, sólo para divertiros, sólo para sentiros fuertes.
Te sentías fuerte, pero no para abrir un libro, analizar la historia, aprender de ella y no repetir sus errores (Europa, 1939) ...
Te sentías fuerte, pero no por tu propia identidad, sino porque eras uno entre muchos como tú, todos con el mismo uniforme y las cabezas igualmente rapadas ...
En realidad no erais más que un grupo de chavales alcoholizados usando los músculos para pegarle a otro chaval de vuestra misma edad pero sin vuestro uniforme.
Antes de terminar quiero recordarte algo:
Pablo Neruda era sudaca. A ver si eres capaz de escribir como él.
Camarón era gitano. A ver si eres capaz de cantar como él.
Marx era comunista. A ver si eres capaz de explicar economía como él.
El Quijote era pobre. A ver si eres capaz de luchar contra gigantes como él.
Cristo era judío. A ver si eres capaz de predicar amor como él.

Paloma Serna Camaño – Málaga

b.

Señor director: El sábado por la tarde fui al cine. Ya casi no recuerdo la película, pero la experiencia que viví no la olvidaré nunca.
Tenía un asiento en el pasillo de la izquierda y en el extremo de la derecha había una pared. En ese momento pensé que tendría que levantarme muchas veces para dejar pasar a las personas que tuvieran asientos en mi misma fila. Pero llegaron siete juntos, una pandilla de jóvenes que pidieron disculpas y se sentaron. Un par de veces alguno se levantó para buscar "palomitas", otro para comprar bebidas y por último, un joven que tenía una urgencia. Cada vez pedían permiso, siempre con una frase amable.
En un momento de la película me invitaron con unas chocolatinas ... . Gente joven, chicos como todos, pero diferentes, limpios y atractivos. Yo pensaba que esta especie estaba extinguida.
Al terminar la película todos eran mis amigos y ya formaba casi parte de la pandilla. Debo confesar que como soy mayor esto me hizo muy feliz. Era como si hubiera ido al cine con siete simpatiquísimos sobrinos.
Al despedirnos me preguntaron si me había gustado la película. Yo les dije la verdad: "Lo mejor de esta tarde habéis sido vosotros."

Rosa Andrade Gómez – Murcia

c.

He leído en su revista de la semana pasada un artículo llamado *Ciudad limpia, ciudad sucia* en el que se recomienda a los dueños de perros llevarlos a que hagan sus necesidades a los árboles o al espacio que queda entre los coches aparcados.
Me parece una recomendación absurda ya que los pobres árboles estarían ornamentados con montañas de cacas de perro y los peatones que cruzan las calles se llevarían otra buena porción de estos excrementos en sus zapatos.
¿Por qué mejor no les decimos a las personas que sacan a pasear a sus perros que lleven bolsitas para recoger la caca de sus perros en lugar de adornar nuestros árboles y/o nuestros zapatos?

Fulgencio García Rojas – Madrid

d.

No soy violenta, no fumo ni me drogo, estudio y trabajo y no me gusta formar parte de las estadísticas. Pero gracias a personas como la autora del artículo *La juventud de hoy* formo parte de ellas. La mayoría de los jóvenes **no** somos ni *skins* ni *punkies*, pero esta señora ha creado su propia teoría: somos animales nocturnos, no hacemos nada, nos vestimos todos iguales y nos pasamos media vida drogados o borrachos. Pues no, señora comosellame. Para su información, los jóvenes estamos comprometidos con los problemas de la sociedad. Podríamos incluso dirigir un país mejor de lo que lo han hecho ustedes hasta ahora. Es verdad que no creemos en héroes, pero ¿dónde están?

Nuria Amado – Barcelona

e.

A pesar de que encuentro su revista muy interesante y con buenos artículos escritos por personas muy bien preparadas, noto que falta algo muy importante no sólo para mí, sino seguramente para muchos de sus lectores: rutas de viaje. Soy una amante de la naturaleza y me interesa todo lo relacionado a viajes y excursiones por lo que busco en cada revista una sección dedicada a este tema.

Mirta Casares Sánchez – Badajoz

f.

Señor director: Ahora que se habla tanto de la importancia del papel de la familia en la sociedad para formar seres sanos tanto física como intelectualmente pienso en las familias "light" que, en mi opinión, existen cada vez más. Hace poco leí un artículo sobre este tema que me gustaría resumir para aclarar qué se considera hoy día una familia "light":

- La familia "light" suele ser pequeña, como máximo un hijo para no complicarse la vida.
- La familia "light" gira en torno a los electrodomésticos: la nevera, la televisión, el reproductor de DVD y el equipo de música. En estas familias la televisión se enciende al amanecer y gracias al timer se apaga cuando todos duermen. Hay tantos televisores como habitaciones. La tele del comedor tiene la muy importante función de cubrir los silencios en las raras ocasiones en que toda la familia está reunida.
- En la familia "light" existe una férrea autoridad para todo lo superficial (la elección del coche, el lugar para pasar las vacaciones) y una total anarquía para lo fundamental (horarios de salidas por la noche, asistencia al colegio, valores).
- En la familia "light" se habla mucho de sexo y nada de amor. Además a los miembros de la familia "light" sólo les interesan las relaciones "light", claro.

Este artículo sigue, pero creo que es suficiente. Sólo me gustaría agregar que aunque los tiempos están difíciles, la familia debería ser el valor principal en la sociedad para formar personas maduras y responsables, nada "light".

Noemí Lares Martínez – Pontevedra

E 3 ***Nos ponemos serios***

Escribe los adjetivos correspondientes a estos sustantivos. Usa el diccionario.

músculo	____________	celo	____________
ambición	____________	peligro	____________
amor	____________	rencor	____________
veneno	____________	cultura	____________
gusto	____________	orgullo	____________
envidia	____________	generosidad	____________
capricho	____________	fuerza	____________
horror	____________		

El arte de las palabras

Paso 1

E 1 ***¿Peri qué?***

¿Recuerdas las perífrasis verbales? Di que sí. Muy bien, ahora vamos a usarlas. Escribe las frases otra vez con una perífrasis.

1. Ha llegado hace un par de minutos.
2. Ahora empiezo a trabajar.
3. Desde hace unos meses ya no fumo.
4. Empezó a reírse y nadie sabía por qué. Un minuto más tarde empezó a llorar. ¿Tú crees que eso es normal?
5. Todavía vive con su tía Ñata.
6. Tuvo que correr para no llegar tarde al cole.
7. Trabaja en esta empresa desde hace treinta años.
8. He terminado la carta.
9. No voy a explicar más este tema.
10. ¡Otra vez cuentas el mismo chiste!
11. Quizás está en la oficina todavía.

E 2 ***A ordenar: cada frase en su lugar***

Escribe debajo de cada dibujo la frase correspondiente.

Tomás está por hablar[1].
Tomás se pone a hablar.
Tomás lleva una hora hablando.
Tomás dejó de hablar.

E 3 ***Un chiste***

1. Lee y traduce.
2. ¿Encuentras alguna perífrasis? Márcala.

Un borracho iba caminando por la calle cuando se encontró con un amigo. Éste, al ver que el borracho tenía las orejas rojas y con olor a humo le preguntó:

- Pero, ¿qué te ha pasado, amigo?
- Es que mi esposa dejó la plancha encendida, sonó el teléfono y yo tomé la plancha por equivocación.
- Pero, ¿y la otra oreja?
- El mismo tonto que volvió a llamar.

[1] estar por + Infinitiv: *gerade dabei sein etwas zu tun*

Paso 2

E 1 ***Se me ha perdido una palabra y me han dicho que tú la tienes***
Completa cada par de frases con el sustantivo y el adjetivo correspondientes. ¡Encuéntralos!

1. Tengo un ______________________ terrible, es domingo, llueve y mis amigos no están.
2. Juan está muy ______________________ porque llueve es domingo y ninguno de sus amigos está en casa.
3. Beber mucho alcohol empieza como una ______________________ y termina siempre mal.
4. La fiesta de Loli fue la más ______________________ de todas.
5. Me encanta la ______________________ de dulce y salado de la comida china.
6. Mis papeles están todos ______________________. ¡Ya no encuentro nada!
7. El libro que me regalaste era muy ______________________.
8. Veo que Enrique está muy ______________________ en ti últimamente. ¡Cómo te mira!
9. Cuidar niños pequeños es una gran ______________________.
10. Mi hija menor es muy ______________________ para su edad.
11. ¡Qué ______________________! Escuché un ruido y pensé que eran ladrones[1].
12. Maite está muy ______________________ desde que entraron ladrones a su casa.
13. Tengo un ______________________ enorme. Hoy me tocó a mí limpiar toda la casa.
14. Me parece que mi prima ya está ______________________. Mejor hagamos una pausa.

E 2 ***¡Acción!***
1. Ordena las siguientes palabras:
odiar – amar – subir – parecer – desear – bajar – estar – encontrarse – abrir – cerrar – mirar

acción	estado	sentimiento

2. Completa la lista con otras palabras.

[1] ladrones: *Diebe*

E 3 ***Refranes*[1]**

1. *Lee estas expresiones en alemán:*

- am Sankt Nimmerleinstag
- ein Hasenfuß sein
- immer ein Haar in der Suppe finden
- weder Hand noch Fuß haben
- eine Flasche sein
- spindeldürr sein
- auf der Hut sein
- jemandem einen Korb geben
- Sterne sehen (vor Schmerz)
- den Kopf verlieren
- Haare auf den Zähnen haben
- jemanden auf den Arm nehmen
- jemandem auf den Wecker fallen
- gesalzen sein (Preis)

2. *Busca en el diccionario las expresiones correspondientes en español*
3. *¿Qué dibujo corresponde a cada expresión?*
4. *Prepara una página con los dibujos correspondientes a las expresiones en alemán.*

[1] refranes: *Redewendungen*

E 4 ***Un chiste***

Lee y traduce.

Pregunta Jaimito:

- Mamá, mamá, ¿los bombones tienen patas?
- No, hijo mío.
- Entonces me he comido una cucaracha.

E 5 ***La frase***

Lee y traduce.

"He disfrutado mucho con esta obra de teatro, especialmente en el descanso."

Groucho Marx (1890-1977), actor estadounidense.

Paso 3

E 1 ***Una poesía***

Lee esta poesía y después contesta las preguntas.

RIMA XI

—Yo soy ardiente, yo soy morena,
yo soy el símbolo de la pasión,
de ansia de goces mi alma está llena.
¿A mí me buscas? —No es a ti, no.

—Mi frente es pálida, mis trenzas de oro:
puedo brindarte dichas sin fin,
yo de ternuras guardo un tesoro.
¿A mí me llamas? —No, no es a ti.

—Yo soy un sueño, un imposible,
vano fantasma de niebla y luz;
soy incorpórea, soy intangible:
no puedo amarte. —¡Oh ven, ven tú!

Gustavo Adolfo Bécquer

1. ¿Cuántas personas hablan en esta rima? Descríbelas.
2. ¿Es el poeta el yo de esta Rima? ¿Qué palabra en la primera estrofa indica el sexo del yo?
3. ¿Qué simboliza la mujer morena? ¿La mujer pálida? ¿Y la mujer "sueño"?
4. El poeta acepta el tercer yo. ¿Qué características tiene esta persona que no tienen las otras?
5. Esta poesía pertenece al movimiento literario llamado Romanticismo. Define con un adjetivo el ideal femenino del Romanticismo.

Es la mujer ____________________.

E 2 ***Seguimos románticos***

Ya conoces esta rima del libro. Ahora léela otra vez y contesta las preguntas.

RIMA XXI

¿Qué es poesía?, dices mientras clavas
en mi pupila tu pupila azul;
¡Qué es poesía! ¿Y tú me lo preguntas?
Poesía ... eres tú.

Gustavo Adolfo Bécquer

1. ¿Con quién habla el poeta? ¿Quién es ese tú?
2. El autor usa tú y no usted. ¿Qué tipo de relación tiene, entonces, el autor con la persona?
3. ¿Qué es poesía según el autor? ¿Por qué piensas que el poeta relaciona la poesía con la mujer?

E 3 ***Otra de Bécquer***

Lee esta rima y contesta las preguntas.

RIMA XXIII

Por una mirada, un mundo;
por una sonrisa, un cielo;
por un beso ... ¡yo no sé
qué te diera por un beso!

Gustavo Adolfo Bécquer

1. Indica las palabras que se refieren a la mujer.
2. Indica las palabras que se refieren a la naturaleza.
3. ¿Qué tienen en común la mujer y la naturaleza?
4. La forma "diera" es una forma del castellano de la época del Romanticismo. ¿Qué tiempo del verbo ***dar*** *escribirías tú hoy en la poesía?*
5. ¿Qué da el poeta por una mirada? ¿Y por una sonrisa? ¿Y por un beso?

E 4 ***Título: ???***

1. Lee esta poesía de Rafael Santos Torroella y piensa un título. Después comprueba con el profesor.

¿Qué habrá que no consigan las palabras?
Llamaron al amor, y el amor vino.
Si dijeron "¡levántate!", una sombra
- entre sombras ya- saltó al camino.

¿Quién no ha visto tan sólo una palabra,
y menos todavía un solo grito,
una sílaba apenas, dispararse,
y caer un hombre por la muerte herido?

Si el "hacha" nombro, nombraré su filo.
Si digo "el mar", mi infancia es lo que digo.
Si escribo "amor", sobre la muerte escribo,
mi corazón en sombra y malherido.

2. ¿Qué sentimientos despierta en ti esta poesía?
3. Subraya los adjetivos que crees que corresponden a esta poesía:
romántica - optimista - pesimista - realista - nostálgica - alegre

E 5 ***Vamos a escribir un poema***

Escribe un poema en el que empieces con una de estas frases: (u otra que tú elijas)

- Ser joven es ...
- Un amigo/a es ...
- Estar enamorado/a es ...
- Vivir es ...

E 6 ***El último chiste***

Lee y traduce.

Un ejecutivo que está en París por negocios, recibe una carta de su novia desde Chile.
La carta decía lo siguiente:
Querido Alejandro:
Ya no puedo continuar con esta relación. La distancia que nos separa es demasiado grande.
Tengo que admitir que aunque te amo te he sido infiel diez veces desde que te fuiste. Lo siento.
Por favor devuélveme la foto que te envié. Con amor.
María

El hombre, muy herido, le pidió a todos sus compañeros de trabajo que le regalaran fotos de sus novias, hermanas, amigas, tías, primas, etc.
Junto con la foto de María, incluyó todas esas otras fotos. Había 57 en el sobre y una nota que decía:
María, perdóname, pero no puedo recordar quién eres.
Por favor, busca tu foto en el paquete y devuélveme el resto.
Alejandro

E 7 ***La frase***

1. Lee, disfruta y traduce la siguiente frase.

"El poeta es un fingidor.
Finge tan completamente,
que llega a fingir que es dolor
el dolor que de veras siente."
Fernando Pessoa

2. Busca datos sobre la vida del autor.

Hemos llegado con la música de la poesía y la sonrisa de un chiste al final de este camino.
Deseamos que esta nueva lengua que has aprendido te siga acompañando y enriquezca tu vida. El camino sigue, el camino eres tú ...

Las autoras

¡Vale!

Unterrichtswerk für Spanisch

Arbeitsheft

Clave

C.C. Buchner

Etapa 1

Paso 1 (p. 3)

E 1 el - la - el - la - la - el - el - el

Paso 2 (p. 3)

E 1 1. Somos ...; 2. Habláis ...; 3. Estudia ...; 4. Trabajas ...; 5. Soy estudiante ...; 6. Ellos hablan ...

E 2 1. ¿Conoces a un guitarrista español famoso? 2. ¿Qué es interesante en España? 3. ¿Trabajas en las vacaciones? 4. ¿De dónde eres? 5. ¿Conoces un equipo de fútbol famoso de Argentina?

E 3 eres - soy - hablas - Soy - vivo - estoy/estudio

Paso 3 (p. 4)

E 1 es - es - está - hay - son - es - son - hay - son

E 2 Hola, soy alemán. Me llamo... - De Hamburgo. - Sí, es una ciudad grande. Está en el norte de Alemania. - Estudio, pero en las vacaciones trabajo en un hotel. ¿Y tú? - ¿Hablas alemán? - ¡Gracias! Hablo también ...

E 3 1. siete regiones; 2. nueve hoteles; 3. once pueblos; 4. trece ciudades; 5. cinco museos; 6. seis países; 7. dos volcanes; 8. doce bares

E 4 1. ¿De dónde eres? 2. ¿Qué lenguas hablas? 3. ¿Dónde vives?/¿Dónde estudias? 4. ¿Eres español? 5. ¿Cómo se dice "Ferien" en español? 6. ¿Cómo es Salamanca?

Paso 4 (p. 5)

E 1 estás - Estoy - es - eres - soy - Es - trabajas - Estoy/Estudio - Estudio - estudias - hay - hablamos

E 2 No, no trabajo. - No, estudio en Madrid. - Sí, soy estudiante. - No, estudio ... - No, soy de Sevilla. - No, no hablo alemán.

E 3 también - ciudad - equipo - pueblo - alegre - mundo - paisaje

Paso 5 (p. 6)

E 1 una chica española - alegre - antigua - una - famosa - interesantes - guapa - una - buena

E 2 Cervantes

E 3 hay - es - es - hay - está - está - hay - es - es - es - está - está

E 4 1. muy antigua/impresionante; 2. capital; 3. muchas montañas; 4. muy antigua; 5. vacaciones

Etapa 2

Paso 1 (p. 8)

E 3 1. La economía de la salud; 2. De la cancha de hockey a los negocios; 3. Los mayores, cada vez más activos; 4. Las mujeres del cine ibérico

Paso 2 (p. 9)

E 1 1. abuela; 2. abuelo; 3. tía; 4. primo; 5. sobrina

E 2 1e - 2l - 3h - 4a - 5k - 6b - 7j - 8c - 9d - 10f - 11g - 12i

E 3 ¿Dónde vives? - Vivo en España, en Santander. - ¿Solo? - No, con dos amigos. - ¿Y tu familia? ¿Dónde vive? - Mi familia vive en Bilbao pero yo voy casi todos los fines de semana a casa. ¿Y tú? - Yo vivo en Madrid, en casa de mi tía/con mi tía. Mis padres viven en Argentina y nos vemos muy poco. Pero nos escribimos e-mails. - ¿Hablas por teléfono con ellos a veces? - Sí, pero es muy caro.

E 4 familia - hermanos - Todas - típica - hijos - también - abuelos - vamos - tías - maridos - primos - hermano - casado - aburres - interesantes - abuelos - viven

E 5 1. falso; 2. no sé; 3. falso; 4. verdadero; 5. verdadero; 6. falso

Paso 3 (p. 11)

E 1 *waagerecht:* mecánico, abogado, pintor; *senkrecht:* cartero, minero, albañil; *diagonal:* médico

E 2 *1.* típicamente - realmente - extraordinariamente - correctamente - oficialmente - alegremente - tranquilamente - generalmente - solamente - actualmente - completamente - seriamente - únicamente

E 3 1. ¿Hay una farmacia cerca? 2. Sí, hay una cerca de aquí. 3. La farmacia está en la calle Belén. 4. Mi padre trabaja en una tienda cerca de aquí. 5. Para ser secretaria hay que tener conocimientos de informática.

E 4 Cuando tengo gripe hablo con el médico. - Cuando tengo problemas con el coche hablo con el mecánico. - Cuando quiero comprar pan hablo con el panadero. - Cuando quiero un cuadro para mi casa hablo con el pintor. - Cuando quiero un café en el bar hablo con la camarera. - Cuando necesito una foto hablo con el fotógrafo.

E 5 1. Una profesora es una persona que enseña ... - 2. Un médico es una persona que intenta curar ... - 3. Un panadero es una persona que hace y vende ... - 4. Un carpintero es una persona que trabaja con ... - 5. Un mecánico es una persona que repara ... - 6. Una peluquera es una persona que lava y peina ... - 7. Un ama de casa es una persona que lava, plancha ...

Etapa 3

Paso 1 (p. 13)

E 1 Mi primo Manuel tiene diecisiete años. Es de Rosario, Argentina, pero ahora vive con su madre, su padre y sus dos hermanas menores en Madrid. Su hermana menor se llama Sofía y la otra, Lucía. Manuel tiene una novia que vive en Rosario. Se llama Silvina.
En Madrid Manuel y su familia viven en una casa pequeña. En la habitación de Manuel hay una mesa con muchos CDs, fotos de su novia y de su equipo de fútbol: Rosario Central. En la mesa también hay dos libros: inglés y matemáticas.
Manuel está en la escuela desde las ocho hasta la una. Por la tarde también tiene clase, desde las tres hasta las cinco: Educación Física o Educación Plástica.

E 2 a. no está; b. 15:35; c. 9:30; d. no está; e. 6:45; f. no está

E 3 1. es - está; 2. está - está; 3. está; 4. está; 5. está - es; 6. es - Es; 7. es - Son

E 4 1. juego; 2. hablas; 3. tenemos; 4. vais; 5. estudio; 6. ven; 7. empiezan; 8. tienen

Paso 2 (p. 14)

E 1 *edificios:* aula, gimnasio, biblioteca; *asignaturas:* informática, ecología, matemáticas; *actividades:* fútbol, badminton, deportes, deberes

E 2 *1.* 1. el deporte; 2. la informática; 3. los tíos; 4. el patio

E 3 *1.* 1. las manzanas; 2. bailar; 3. jugar al fútbol; 4. tocar la guitarra; 5. cantar; 6. nadar; 7. escuchar música; 8. hablar español; 9. hablar por teléfono; 10. la playa

E 4 1. A mí me gusta mucho el cine y normalmente voy con mi hermana. 2. Me gusta más la montaña que la playa. 3. A mí me gusta más la montaña. 4. ¿Por qué no te gustan las matemáticas? 5. A mi tío no le gusta trabajar. 6. Al mío tampoco.

E 5 1. Porque me encanta. 2. Porque no hay educación física. 3. Porque necesito comprar cosas para la escuela. 4. Porque no sé qué hacer. 5. Porque está en el patio. 6. Porque tengo que estudiar con ... . 7. Porque no entiendo nada de matemáticas.

E 6 *1.* 1. tarde; 2. ocho (de la mañana); 3. ocho y media; 4. nueve - nueve y media; 5. ocho - nueve; 6. una y media - dos - cuatro y media - cinco; 7. ocho (de la noche) o más; 8. dos y media; 9. una - tres - cinco; 10. una y media - tres y media

Paso 3 (p. 17)

E 1 9, 1, 5, 8, 11, 12, 4, 7, 10, 2, 6, 3

E 2 2. Están mirando el horario. 3. Está jugando al baloncesto. 4. Están trabajando en la biblioteca. 5. Está cerrando una puerta. 6. Están almorzando. 7. Está haciendo los deberes. 8. Está explicando la gramática del español.

E 4 1. ... Suecia. 2. ... en España. 3. ... habla en Holanda. 4. ... se habla en Italia.

E 5 1. todas; 2. Cada; 3. y; 4. todos; 5. toda; 6. las; 7. todo

Etapa 4

Paso 1 (p. 19)

E 1 *1.* A las siete y media desayuna. - A las ocho y cuarto va a la ... - A la una vuelve a ... - A la una y media almuerza. - A las dos duerme ... - A las tres toma ... - A las cuatro juega ... - A las cinco revisa ... - A las cinco y media estudia ... - A las ocho sale ... - A las diez menos cuarto cena. - A las diez y media mira ... - A las once y media se acuesta.

E 2 1. está buscando; 2. está escuchando; 3. están jugando; 4. corriendo; 5. están haciendo; 6. está leyendo; 7. están discutiendo; 8. está almorzando

E 3

6:30	Suena el despertador. Me levanto. Estudio quince minutos y bebo/tomo una taza de café.
7:00	Me ducho y me visto.
7:30	Voy en mi bicicleta a la universidad. En el camino me encuentro con Luci. ¡Qué suerte!
8:00	Ya hay muchos estudiantes en el aula. ¡No importa! Luci y yo nos sentamos en la última fila. (Mañana voy a intentar tomar el mismo camino a la misma hora.)
10:30	Pausa/Recreo. Vamos a la cafetería para beber/tomar rápidamente un café. Hablamos del profesor. A ella le gusta. A mí no.
12:30	Tengo dolor de cabeza. Luci pregunta si hoy por la noche quiero ir al cine con ella y otros amigos. Claro. Digo que sí, sí.
13:00	Almuerzo en casa. Mi familia habla y habla y ¡yo tengo dolor de cabeza!
13:30	Me acuesto y duermo.
16:00	Pedro llama por teléfono. ¿Jugamos un partido de parchís? Bueno. Quince minutos más tarde nos encontramos en el bar de Angelito.
18:00	Vengo/Vuelvo a casa. Necesito un poco de dinero para comprar un cuaderno y un bolígrafo.
19:00	Voy al cine con Luci, Pepi y otras cuatro chicas. Mi dolor de cabeza empieza otra vez. La película es aburrida.
21:00	Vamos al bar, tomamos algo y comemos una tapa de tortilla.
21:45	Vengo/Vuelvo a casa. Mi familia está cenando y mirando la tele. Me siento media hora con ellos.
22:15	Voy a acostarme. Todavía estudio media hora. Mañana voy a levantarme a las seis para mirar mis apuntes.

Paso 2 (p. 20)

E 2 *1.* El sábado vamos a visitar la Fränkische Schweiz. Allí vamos a comer algo típico y tomar un par de cervezas. El domingo por la mañana vamos a ir a escuchar un concierto de jazz y luego vamos a ir a visitar la ciudad. Mi amigo mexicano va a presentarme a sus amigos. Por la tarde voy a regresar a casa.

E 3 9, 4, 7, 1, 8, 5, 2, 3, 6

Paso 3 (p. 21)

E 2 1. Daniel sabe jugar al tenis. 2. Laura sabe hablar francés. 3. Emilia sabe tocar el piano. 4. Juan puede comprar una bicicleta nueva. Ahora tiene el dinero. 5. Susi y Ernesto saben bailar el tango. 6. ¿Puedes venir? 7. Manuel puede conducir. Tiene 18 años.

E 3 *waagerecht:* natación, esgrima; *senkrecht:* fútbol, windsurf;
diagonal: tenis, boxeo, esquí, golf

Paso 5 (p. 22)

E 1
Luisito: ¿Vamos a tomar algo?
Iris: Lo siento, pero no puedo.
Luisito: ¿Por qué?
Iris: Tengo que ir a casa.
Luisito: Son sólo diez minutos ...
Iris: Lo siento, no puedo. Quizás mañana ...

E 2 *quejarte:* Esto no puede ser. - No es posible. - Esto no me gusta. *dudar:* No sé - No creo - Puede ser; *rechazar:* No, gracias. - No puedo; *prohibir:* No hay que ... - No se puede ...

E 3 1. película (no es un lugar/edificio); 2. mano (tiene artículo femenino); 3. alegre (es algo positivo); 4. el ruido (no es parte del cuerpo); 5. lápiz (no es un adjetivo)

E 4 2. El periódico está debajo de la guitarra. 3. El libro está entre la cama y el sillón. 4. El cuaderno está junto al sillón. 5. Los apuntes están delante del televisor. 6. La mochila está encima de la cama. 7. La pelota está entre el bolso y el televisor. 8. El despertador está junto al periódico. 9. El lápiz está junto a la raqueta (Tennisschläger). 10. La postal está junto a la puerta.

Etapa 5

Paso 1 (p. 24)

E 1 1. Galicia, Valencia; 2. pescado, mariscos; 3. No, de carne, de conejo, de verduras; 4. En Santiago de Compostela; 5. Chuletas, pimientos de Padrón, jamón, tortilla; 6. La universidad, la catedral

Paso 2 (p. 26)

E 2 1., 2., 3., 5. más/menos ... que; tan ... como; 4. tanta ... como; 6., 7. más/menos que; tanto como

E 3 1., 7. más/menos ... que; tantas ... como; 2., 6. más/menos ... que; tan ... como; 3. mejor/peor que; 4. más/menos de; 5. más/menos ... que; tantos ... como

E 4 3. ésos; 4. ésta

Paso 3 (p. 27)

E 1 *1.* 1. Compra un vestido por catorce euros. 2. Este regalo es para tu madre. 3. Amnistía Internacional lucha por los derechos humanos. 4. Tenemos que preparar el jardín para la primavera. 5. El autobús para Alcalá sale a las ocho y media. 6. Lo hace por el dinero. 7. Aquí tienes el dinero para la compra. 8. ¿Lo llamamos por teléfono? 9. Vamos por el parque, es más rápido. 10. ¿Quieres dar una vuelta por el centro? 11. El martes por la tarde tengo yoga.

E 2 1. por; 2. por; 3. para; 4. Para; 5. por; 6. por; 7. para

E 4 A: ¿Quieres venir a mi casa mañana por la tarde?
B: Vale. ¿Cómo voy? ¿En autobús, en taxi o a pie?
A: Es mejor en autobús. Tienes que tomar el número ..., tienes que bajar en ... y después ...
B: ¡Es muy difícil!
A: ¡Qué va! Tomas el autobús número ..., bajas en ... y después..... Mi casa está en la calle..., número ...
B: ¿A qué hora voy?
A: A las ...
B: Vale. Hasta mañana.

Etapa 6

Paso 1 (p. 30)

E 1 *waagerecht:* pantalón, falda; *senkrecht:* pijama, guantes, manoplas (Fäustlinge); *diagonal:* capa (Umhang), bata (Bademantel)

E 2 1. Les; 2. manda**rle**; 3. Le; 4. pregunta**rle**; 5. Les; 6. dar**me**, te

E 3 1. **Se las** doy. 2. **Se los** pide. 3. **Te la** escribe. 4. **Se la** escribe. 5. No **se la** dice. 6. **Se lo** dan.

E 4 La foto se la regalo a la tía Angelita. Las zanahorias se las regalo a ... . La guitarra se la regalo a ... . El libro de cocina se lo regalo a ... . Los CDs de tango se los regalo a .... El despertador se lo regalo a ... .

E 6 1. A mí me interesan los problemas actuales. 2. A mis padres les gusta el teatro. 3. ¿A tus amigos les parece simpático tu novio? 4. A mi compañera le encanta hacer deporte. 5. A mucha gente le gusta mucho bailar salsa. 6. A mi madre no le gusta probarse ropa. 7. A mí me encanta hablar español.

Paso 2 (p. 32)

E 1 *Moria:* preferido - parte - gusta - tranquila - encanta - naturaleza
Estefanía: encantan - significado - melancólica - poco/poquito
Jazmín: blanco - Pienso - mucho - gente - alegre - claros - pequeñas - silenciosa - negro - dice - agresivo/a - prefieres - amarillo - optimista - creo
Irene: noche - negro - elegante - gris - triste - parte - gusta

Paso 3 (p. 34)

E 1 11, 3, 7, 1, 6, 5, 9, 2, 10, 4, 8

E 4 Yolanda y Zoilo visitan una casa que quieren alquilar. El empleado de la inmobiliaria les muestra la casa.

Empleado: Se la voy a mostrar.
Yolanda: ¡Oh! La casa tiene un jardín, Zoilo. Eso ya me gusta.
Zoilo: ¡Y un garaje!
Yolanda: Pero no tenemos coche ...
Empleado: Aquí a la derecha están los dormitorios. Entre la habitación pequeña y la grande está el baño. Enfrente de la entrada está el salón. Al lado del salón está la cocina. Una cocina bastante grande como ven.
Yolanda: ¡Fantástico! ¿Y esta puerta?
Empleado: Es la entrada al sótano.
Zoilo: Esta casa es perfecta. Todavía no tenemos niños. Puedo usar la habitación pequeña para el ordenador.
Yolanda: Ahora voy a mirar el jardín.
Zoilo: ¿Cuánto cuesta por mes la casa?
Empleado: ¡Una ganga! Solamente 1350 Euros por mes.
Zoilo: ¡Glup!

Etapa 7

Paso 1 (p. 36)

E 1 *2.* llegué - abrí - saludé - busqué - encontré - leí - salté - escribió - llamé - hablamos - hice - fui - volví - me duché - me lavé - me decidí - me miré - me cambié - cambié - tomé - fui - entré - vi - fue

E 2 1º: en primer lugar - primeramente - para comenzar - primero de todo
2º: luego - en segundo lugar - después - a continuación
3º: finalmente - en último lugar - por último

E 4 1. Hace unos años fui a/visité Madrid. 2. Hace un momento llamó tu hermana. 3. Estuvo aquí hace media hora. 4. Hace una semana estuvimos en casa de la tía Pepi. 5. Terminé mi trabajo hace tres días. 6. Hace cinco minutos me llamó Verónica. 7. Mi padre volvió hace quince minutos.

E 6 a. ¿Quiénes comieron ...? ¿Cuándo comieron ...? ¿Qué ...? ¿Dónde ...?
b. ¿Quién pasó ...? ¿Qué pasó ...? ¿Dónde ...? ¿Con quién/quiénes ...?
c. ¿Quién volvió ...? ¿A qué hora/Cuándo ...? ¿De dónde ...? ¿Qué tomó ...? ¿Con quién ...?
d. ¿Quién ...? ¿Qué hizo ...? ¿ Cuánto tiempo ...? ¿Con quién ...? ¿Dónde ...?

E 7 1. fui; 2. practiqué; 3. canté; 4. bailé; 5. desayuné; 6. tomé; 7. hice

Paso 2 (p. 38)

E 1

infinitivo	**3ª persona singular presente**	**sustantivo**	**adjetivo**
llover	llueve	la lluvia	lluvioso, -a
nevar	nieva	la nieve	nevado, -a
tronar	truena	el trueno	atronador, -a

E 2 1. muy; 2. muy; 3. mucho; 4. mucho; 5. muy; 6. muy; 7. mucho; 8. mucho; 9. muy

E 3 El cuatro de julio de dos mil seis; El veintiséis de noviembre de mil novecientos cincuenta y seis; El cinco de junio de mil novecientos setenta y nueve; El seis de abril de mil novecientos ochenta y dos

E 5 En diciembre celebramos la Navidad. En enero celebramos el Año Nuevo. En ... empiezan las clases. En febrero se celebra el día de San Valentín. En ... nacen las flores. En septiembre termina el verano. En marzo termina el invierno. En ... celebro mi cumpleaños. En ... nieva. En ... voy/vamos/mucha gente va a la playa. En ... se ponen los árboles marrones o amarillos. En ... voy/vamos/mucha gente va a esquiar.

Paso 3 (p. 40)

E 2 *1.* habitación individual, ducha, pasaporte, llave, desayuno incluido, precio, baño

E 4 2. Yolanda preparó una tarta. 3. Emilio se quedó en casa/trabajó con el ordenador/escribió e-mails. 4. Las chicas escucharon música. 5. Nicolás ordenó su habitación. 6. Alicia estudió español.

E 5 Ayer/El otro día/La semana pasada/El viernes pasado Quique fue al supermercado/al cine a la universidad y ...
... Quique llegó al supermercado/al cine/a la universidad y ...
... Quique estuvo en el supermercado/en la universidad/en el cine y ...
... Quique visitó a su tía y ...

Paso 4 (p. 42)

E 1 a - región - habitantes - antigua - grande - lengua - turistas - lugares - catedral - siglos - famosa - parques

E 5 1. Estuve en la biblioteca. 2. Estuvimos en el museo. 3. Estuvimos en el zoológico. 4. Estuve en la estación Atocha. 5. Estuve en la fábrica. 6. Estuvimos en el parque. 7. Estuve en una tienda de música. 8. Estuvimos en el correo.

E 7 *1.* Ponerse como un toro: 5; ¡Cuidado, que viene el toro!: 6; Estar entre los cuernos del toro: 4; Hacer novillos: 2; Viajar más que maleta de torero: 1; Dar cornadas al viento: 7; Ver los toros desde la barrera: 3

Etapa 8

Paso 1 (p. 46)

E 1 1. Lo conozco desde hace poco. 2. Mi familia vive en esta ciudad desde hace muchos años. 3. Se conocen desde hace mucho tiempo. 4. Ya no trabajo/No trabajo más con el señor Elorriaga desde hace varios meses. 5. Aprendemos español desde hace tres meses. 6. Mi hermana está hablando por teléfono con su novio desde hace media hora. 7. Venimos a Tarragona en verano desde hace cinco años.

E 2 (1) durante; (2) meses; (3) Hace; (4) semanas; (5) Primero; (6) mientras; (7) Después; (8) Antes de; (9) pasé; (10) última; (11) por suerte; (12) Hace; (13) cuando; (14) perdí; (15) más tarde; (16) lo; (17) Desde; (18) seguro; (19) Desde hace; (20) otra vez; (21) pronto

Paso 2 (p. 47)

E 1 *Mireia Martí:* Vivo - trabajo - Tengo - lavo - vendo - vienen
Joan: Soy - Hago - vivía - vivo
La maestra: es - había - viven - son - hay - es - Se integran
Álvaro: Soy - Vendo/Vendemos - necesita
Josep: me llamo - era - trabajábamos - Éramos - hago - son
Pere Moliner: estoy - pueden - trabajaba
Fatme: vivimos - hago - encuentra - Teníamos - podía
Señor de Zaragoza: pasábamos - era - gustaba - estaban - conocen

Paso 4 (p. 49)

E 1 1. Sí, pero ... - No estoy de acuerdo. - No veo claro cómo ... - En parte tienes razón, pero ... - Hay que decir que ...

E 2 1. b - 2. b - 3. b - 4. b

Etapa 9

Paso 1 (p. 52)

E 1 → Clave, p. 20

E 2 estaciones - primavera - verano - otoño - invierno - Jujuy - hace - hace - llueve - hace - caluroso - frío - hace - soleado/agradable - primavera - bueno/bonito/agradable - nieva

E 3 *1.* era - tenía - ofreció - dijo - podía - autorizó - salió - Llevaba - descubrió - llamó - dio - se veía - encendían - encontró - vivían - eran - tenían - Pasaban - salían - llevaban - tomaban - buscaban - se ocupaban - encontraban - se ponían - cazaban - comían - eran

E 4 1. En mil cuatrocientos noventa y dos Colón llegó a América. 2. En mil quinientos veintiuno Hernán Cortés conquistó México. 3. En mil quinientos cincuenta y dos Juan Sebastián Elcano navegó alrededor de la Tierra por primera vez. 4. En mil seiscientos seis Cervantes publicó la primera parte de Don Quijote.

E 5 (1) En; (2) llegaron; (3) de; (4) a → al; (5) a; (6) muchas; (7) Cuando; (8) tanta; (9) de; (10) llevaban; (11) con; (12) por; (13) por; (14) con; (15) a; (16) de

Paso 3 (p. 56)

E 1 1. Sí, lo empecé. 2. Sí, los conocí. 3. Sí, las saqué. 4. Sí, lo leí. 5. Sí, la pagué. 6. Sí, se la expliqué. 7. Sí, se la dije.

E 2 hace - es - gusta - era - vivía - esperábamos - le escribía - le pedía - quería - le daba - me decía - la llevaba - pasábamos - Éramos - llevaba - trabajaba - era - jugábamos - nos peleábamos - hacíamos - llegaba - dejaba - podíamos - teníamos - sonaba - significaba - podíamos - era

Paso 4 (p. 58)

E 4 1. se llamaba; 2. descubrió - llamó; 3. querían; 4. mandaron; 5. llegó - creyó - era - buscaba; 6. desembarcó - atacaron - mataron; 7. eran - llevaban - tenían

Paso 5 (p. 60)

E 1 Querida - Estoy - Llegué - vi/veo - un - visité - plantas - problema - hizo - había - tenía - llegué - duché, comí - acosté - escribir

E 3 1. falso; 2. verdadero; 3. falso; 4. verdadero; 5. verdadero; 6. falso

Etapa 10

Paso 1 (p. 63)

E 1 *1.*

1. ¿Has dejado el perro en ...? Sí, ya lo he dejado./No, todavía no lo he dejado.
2. ¿Has dejado las llaves ...? Sí, ya las he dejado./No, todavía no las he dejado.
3. ¿Has comprado una tarjeta ...? Sí, ya la he comprado./No, todavía no la he ...
4. ¿Has llamado por teléfono ...? Sí, ya lo/la he llamado./No, todavía no lo/la ...
5. ¿Has regado las plantas? Sí, ya las he regado./No, todavía no las he ...

E 3 fuimos - estaba - dijo - era - preparaban - entramos - nos explicó - había - nos preguntó - queríamos - pedía - fui - tenían - Había - me decidí - eran - nos gustaron - eran - he vuelto - me he sorprendido - han puesto - quería

E 4 *1.* 1. ha abierto/está abierta; 2. ha hecho/está hecha; 3. ha roto/está roto; 4. se ha levantado/está levantado; 5. han hecho/están hechos; 6. ha dicho/está dicha; 7. ha muerto/está muerto; 8. ha preparado/están preparados; 9. ha puesto/está puesta

E 5 Dos amigas charlan:

Ramona: ¿Por qué estás tan cansada? ¿Qué has hecho hoy?

Linda: Hoy por la mañana he ordenado el piso. Ayer celebramos el cumpleaños de Paco y vinieron sus amigas y sus amigos. Después he visitado a mi madre. Hemos ido juntas al centro/a la ciudad. Ha comprado zapatos. Tres horas. Después hemos

comido algo en el centro/en la ciudad. A las tres hemos vuelto. No he tenido ningún segundo para mí...

Ramona: Y ahora todavía vengo yo ...

Linda: Yo te he invitado. ¿Quieres tomar un café?

Ramona: Gracias, ya he tomado uno.

Paso 2 (p. 65)

E 1 1. te he dejado - se ha roto; 2. has puesto - se han perdido; 3. Has hecho - he llegado; 4. Has escrito - no he tenido

E 2 1. Cómo; 2. Cómo - como; 3. Cómo; 4. como; 5. como; 6. como

E 3 1. ¿Por qué te has levantado ...? Como ha sonado el teléfono me he levantado ...
2. ¿Por qué no has ido ...? Como no tenía tiempo no he ido... .
3. ¿Por qué no has hecho ...? Como no he ido a clase no he hecho ... .
4. ¿Por qué no me has llamado ...? Como no sabía tu número no te he llamado ... .
5. ¿Por qué no me has invitado ...? Como tenía la cabeza ... no te he invitado ... .
6. ¿Por qué no has salido ...? Como no me sentía bien no he salido ... .
7. ¿Por qué has llegado ...? Como he perdido el autobús he llegado ... .

E 4 Quique llegó tarde porque había olvidado la cita. Jimena preparó muchos bocadillos porque había organizado una fiesta. Juan se rió porque Pepe había contado un chiste. Laura se enfadó porque Marta no había ordenado la casa.
Mi tía se fue rápidamente porque había dejado la leche en el fuego. La profesora me puso una mala nota porque no había estudiado. El artista pintó el cuadro porque se lo había pedido un cliente.

Paso 3 (p. 66)

E 1 2. El Centro de Arte Reina Sofía tiene la finalidad de:
- mostrar el arte contemporáneo
- mostrar arte no sólo tradicional
- relacionar a los artistas de diferentes nacionalidades
- ayudar a los nuevos talentos

E 3 *waagerecht:* Giotto, Murillo; *senkrecht:* Rafael, Botticelli, Cezanne, Goya; *diagonal:* Miró, Rubens, Dalí

E 4 1. cuadro, no es un material; 2. vela, no es vocabulario de ropa; 3. plato, no es algo que puedes comer; 4. verdulería, no es un color

Etapa 11

Paso 1 (p. 71)

E 2 especialmente - felizmente - prácticamente - locamente - activamente - débilmente - inconscientemente - distraídamente - enérgicamente - salvajemente - brevemente - peligrosamente

Paso 2 (p. 73)

E 4 será - pasará - regalará - Conocerá - Tendrá - Se sentirá - me pasará

Paso 3 (p. 75)

E 1 *1.* 1. Sí; 2. No; 3. No (es el único español que aparece en un artículo de National Geographic); 4. Sí; 5. Sí; 6. No (puso su biblioteca a disposición del público, pero no la regaló); 7. Sí

E 3 2. A él le encantaría poder ver. 3. Al perro le encantaría comer un hueso. 4. A él le encantaría salir de la cárcel/estar libre. 5. Al señor le encantaría tener un cigarrillo/fumar. 6. A él le encantaría comer (un pollo). 7. Al señor le encantaría ver llegar un barco. 8. A ella le encantaría ser más guapa. 9. A él le encantaría tener buenas ideas para escribir/saber escribir mejor.

E 4 1. extraordinario; 2. intervalo; 3. traducir; 4. permiso; 5. concurso; 6. reconocer; 7. producir; 8. altruismo; 9. ambicioso; 10. parlamento; 11. solución; 12. biblioteca; 13. jovencito; 14. organista; 15. internacional; 16. explicable; 17. promesa; 18. regresar; 19. egoísmo; 20. realismo; 21. termómetro; 22. salado; 23. violinista

E 6 2. - Le compré un helado a ... . - ¿Y yo? Me podrías haber comprado uno a mí también./Podrías haberme comprado uno ... . 3. - Ayer fui al cine con ... . - ¿Y yo? Podrías haber ido conmigo también. 4. - Hoy he cortado el césped en el jardín de ... . - ¿Y yo? Podrías haber cortado el césped en mi jardín también. 5. - Le regalé un coche nuevo a ... . - ¿Y yo? Me podrías haber regalado un coche nuevo a mí también./Podrías haberme regalado ... . 6. - Ayudé a ... con su tarea. - ¿Y yo? Me podrías haber ayudado con la tarea a mí también./Podrías haberme ayudado ... . 7. - Le regalé flores a ... . - ¿Y yo? Me podrías haber regalado flores a mí también./Podrías haberme regalado ... . 8. - Hoy por la mañana he lavado la bicicleta de ... . - ¿Y yo? Podrías haber lavado mi bicicleta también.

Etapa 12

Paso 1 (p. 79)

E 3 *2.* Je mehr du lernst, desto besser wirst du Spanisch sprechen.
Je besser du arbeitest, desto mehr werden sie dir bezahlen.
Je weniger du ausgehst, desto weniger Geld wirst du ausgeben.
Je schlechter du das erklärst, desto weniger werde ich dich verstehen.
3. 1. Cuanto más hables, menos te creerán. 2. Cuanto menos trabajes, menos dinero tendrás. 3. Cuanto más grites, menos te escucharán. 4. Cuanto mejor lo hagas, más tiempo ganarás. 5. Cuanto peor hablen castellano, menos posibilidades de encontrar trabajo tendrán.

E 5 *vollkommen einverstanden:* Es verdad. - Tienes toda la razón. - Claro que sí. - Seguro.
teilweise einverstanden: En parte sí, pero ... - Sí, pero hay que tener en cuenta que ... - Puede ser, pero no hay que olvidar que ... - Yo diría que ... - Me parece que ... .
gar nicht einverstanden: Eso es absurdo. - No estoy de acuerdo. - Eso no tiene sentido. - De ninguna manera.

Paso 2 (p. 82)

E 2 sea - se pueda - sea - ocupe - cueste - sea - sea - sea

E 7 2. Es hora de que ... repare el piso. 3. Es hora de que ... trabaje. 4. Es hora de que ... se levante. 5. Es hora de que ... llegue. 6. Es hora de que empiece el partido. 7. Es hora de que ... haga las tareas.

Paso 3 (p. 84)

E 2 1. prepárale - llévaselo; 2. Sé - intenta; 3. Cocínale; 4. espéralo; 5. le des; 6. le hables - discutas - Dile; 7. Hazle; 8. Siéntate - mira; 9. te enfades

E 3 gehe laufen - stehe spät auf - sage jemandem „ich liebe dich sehr" - sei wieder ein Kind - halte deine Versprechen - beende ein Projekt - mache eine Liste mit Dingen, die du gut kannst - verwöhne dich ein bisschen - träume ohne zu schlafen - schalte den Fernseher aus - erlaube dir, Fehler zu machen - sage nicht „ich kann nicht" - singe in der Dusche - schaue alte Bilder an - rufe Tooooor! - grüße deinen Nachbarn - erlaube, dass jemand auf dich aufpasst - nimm ein Kompliment an - entspanne dich - mache dir heute keine Sorgen - gib einem Stern einen Namen - laufe - tanze - lächle einen Unbekannten an - rufe jemanden an und überrasche ihn - schenke dir etwas und teile diese Festtage mit allen, die du kennst und auch mit denen, die du nicht kennst

E 4 1. Busque/Busca; 2. Saque/Saca; 3. Pague/Paga; 4. Empiece/Empieza; 5. Escuche/Oiga/Escucha/Oye; 6. Tráigame/Tráeme; 7. Haga/Haz; 8. Vaya/Ve; 9. Diga/Di

E 5 **Alle gegen die Umweltverschmutzung**

Die Menschen sollen die Flüsse nicht verschmutzen.
Die Menschen sollen die Meere nicht verschmutzen.
Die Kinder sollen die Bäume nicht schlecht behandeln.
Die Menschen sollen die Stadt nicht schmutzig machen.
(Sich selbst nicht zu lieben ist das, was am meisten verschmutzt, auf dem Schiff oder unten im Bergwerk.)
Die Tiger sollen keine Krallen haben,
die Länder sollen keine Kriege haben.
Die Kinder sollen keine Vögel töten,
die Katzen sollen keine Mäuse töten,
und, vor allem, die Menschen sollen
keine anderen Menschen töten.

Etapa 13

Paso 1 (p. 87)

E 1 Si mañana nevara ... . Si el director me llamara a su oficina ... . Si en las vacaciones lloviera todos los días ... . Si me ofrecieran ir un año a la escuela en Argentina ... . Si me gustara un/a chico/a que hablara solamente japonés ... . Si me invitaran a una fiesta pero tuviera que ir disfrazado/a de sardina ... . Si escuchara un ruido raro y estuviera solo/a en casa ... .

E 2 Sí, sería mejor que la repararas. Sí, sería mejor que la vendiera. Sí, sería mejor que la lavara. Sí, sería mejor que los tirara.

E 5 1. El 0

E 6 *1.* Los límites que separan los países en los mapas.

Paso 2 (p. 89)

E 2 1. Si tantos militares no hubieran deseado volver a tener un gobierno de derechas, no habrían planeado un golpe de estado. 2. Si el fanatismo durante la guerra civil no hubiera influido en tantos, no se habrían matado mutuamente. 3. Si hubiera habido tolerancia, muchos no habrían rechazado la ideología de otros. 4. Si detrás de la lucha de religiones no hubiera habido motivos políticos, habrían querido hacer la paz. 5. Si la guerra civil no hubiera frenado el desarrollo económico y cultural, España no habría perdido tantas posibilidades.

E 6 Trabaja como si no necesitaras el dinero.
Baila como si nadie te mirara.
Canta como si nadie te escuchara.
Vive tu vida como si estuvieras en el paraíso.

E 7 2. Si ... no hubiera estudiado toda la noche, no habría aprobado el examen. 3. Si ... no hubiera comido tanto, no habría engordado. 4. Si el Atlético no hubiera metido un gol en el último minuto, no habría conseguido el primer lugar. 5. Si ... hubiera tenido un trabajo/una vida normal, se habría casado con ... . 6. Si los niños hubieran jugado más lejos de la casa, no habrían roto una ventana. 7. Si ... hubiera conducido correctamente, habría aprobado el examen.

Paso 3 (p. 92)

E 8 La ETA es una organización terrorista del País Vasco que está (situado) en el norte de España. Muchos vascos quieren ser independientes de España y tener un gobierno propio – la ETA persigue este objetivo con violencia.
La ETA ya existe desde 1959. En aquel tiempo luchaba pacíficamente contra el entonces dictador español que les había prohibido a los vascos su lengua y su cultura. Más tarde se convirtió en una organización violenta. Sus muchos atentados se dirigieron frecuentemente contra políticos, policías y otros representantes del estado. Los actos terroristas de ETA les costaron la vida a más de 800 personas hasta ahora.
Las letras ETA responden a "Euskadi Ta Azkatasuna" que significa "el País Vasco y su libertad".

Etapa 14

Paso 1 (p. 97)

E 1 *1.* 1. Finde dich damit ab, dass du etwas nicht machen konntest, aber niemals, es nicht versucht zu haben, wenn es sich lohnte.
2. In Wirklichkeit ist unsere Erfahrung nichts anders als eine Gegenwart, die auf die Vergangenheit reagiert.
3. Die Menschen glauben am ehesten an die größten Torheiten.
4. Sollen wir jetzt schweigen, um später zu weinen?
5. Das Gedächtnis ist die Gabe der Dummen.

6. Meine drei einzigen Wünsche sind: ewig leben, dass die Frauen mich lieben und sehr gute Bücher schreiben.
7. Denkwürdige Tatsachen brauchen keine denkwürdigen Sätze.

E 3 La periodista le preguntó qué siglo le gustaba más. M. Esther le contestó que el que vendría. La periodista le preguntó en qué personaje le gustaría reencarnarse y M. Esther le contestó que en ella misma porque ya la conocía. La periodista le preguntó si le gustaría medir 90-60-90 por una semana y M. Esther le dijo que a ella no le gustaba soñar con imposibles. La periodista le preguntó qué le propondría a Drácula si él la visitara y M. Esther le dijo que le propondría que fuera a su dentista.
La periodista quiso saber cuál era la mejor edad de la mujer y M. E. le dijo que era la edad en que era feliz. La periodista le preguntó entonces cuál era la peor y M. E. le contó que para ella había sido la adolescencia porque no entendía nada y día por medio quería suicidarse.
La periodista le preguntó cuándo se había enamorado por primera vez y la escritora le contestó que a los cuatro años.
La periodista le pidió que definiera a Borges con dos palabras y M. E. le contestó (que era) un maestro.
La periodista quiso saber si tenía deseos inconfesables. M. E. le contestó que por supuesto. Por último la periodista le preguntó si podía confesar uno y M. E. le dijo que quería que terminara de hacerle preguntas.

E 4 1. Dile a Carmen que venga. 2. Dile a Nenucho que abra la puerta. 3. Dile a Ofelia que llame a Guillermito por teléfono. 4. Dile al vecino que escuche la música más bajo. 5. Dile a tu novio/amigo que te traiga a casa a las once. 6. Dile al abuelo que compre el periódico. 7. ¿Algo más?

E 5 *1.* 1. ... que estaba cansada/qué cansada estaba y que le diera un té.
2. ... que le dolía la cabeza y que le comprara unas aspirinas.
3. ... que tenía hambre y que le preparara una tortilla.
4. ... que hacía frío y que encendiera la calefacción.
5. ... que en ese momento tenía calor, que apagara la calefacción.
6. ... que era tarde/qué tarde era. Que fuera a buscar a los niños a la escuela.

E 6 Modelo: el amor – un abrelatas

Paso 2 (p. 99)

E 1 Frida escribió que le gustaban mucho las cosas, la vida, la gente, pero que el dolor no, eso no lo soportaba. No tenía miedo de la muerte, pero quería vivir.
A ella le habría gustado vivir a su manera ... . Ella habría querido vivir a gusto detrás de la cortina de la locura: habría arreglado las flores todo el día, habría pintado el dolor, el amor y la ternura, se habría reído de la estupidez de los otros ... .
(Había tenido) Siete operaciones en la columna vertebral. El doctor Farril le había vuelto a dar la alegría de vivir. Todavía estaba en la silla de ruedas y no sabía si pronto empezaría a andar.
La *big* operación había pasado. Y el médico era tan maravilloso y su *body* estaba tan lleno de vitalidad que en ese momento la habían hecho levantar sobre sus *poor feet* durante dos minutos, pero ni ella misma se lo había *believo* (creído). Las dos first semanas habían sido de sufrimientos y lágrimas, no deseaba esos dolores a *nobody*."

E 2 *1.* 1. Los problemas del país tienen solución. 2. Solamente he venido por la comida. 3. No me importa lo que diga la gente. 4. He olvidado dejar la llave. 5. No quiero saber nada más de ti. 6. Si bebéis (beben) no debéis (deben) conducir. 7. Me gustaría volver a verte.

E 5 aburrido - divertido; adinerado - pobre; afeminado - masculino; arrogante - humilde; bohemio - práctico; complicado - sencillo; deportista - intelectual; desprotegido - protector; elegante - ordinario; extrovertido - introvertido; feminista - machista; fiel - infiel; hippy - convencional; inteligente - tonto; joven - viejo; misógino - sociable; raro - normal; sumiso - rebelde; tímido - atrevido

Paso 3 (p. 101)

E 1 La biblioteca en la que trabaja es una habitación muy grande … .
La empresa para la que trabajaba tiene ahora … .
Es la pintora de la que te mostré … .
¿Has visto el cuadro por el que pagué …?
El hombre con el que hablabas es mi … .
¿Es la misma película sobre la que hablaron ayer …?

E 2 el que - el que - la que - el que - el que - la que

E 3
1. El señor Méndez, cuya empresa conocí el otro día, nos visitará/va a visitar mañana.
2. Mi amiga Micaela vive en una casa cuya edad se calcula en 350 años.
3. ¿Es ésta la mujer cuyo marido tuvo un accidente?
4. ¿Son éstos los niños cuyos padres viven en el segundo piso?
5. Las mujeres, cuyas hijas van juntas a la escuela, están en la piscina.
6. Mi tía, cuyo auto está roto, me llamó por teléfono.

E 4
1. El chico con el que vivo es japonés.
2. La mesa en la que escribo es muy bonita.
3. La pintora de la que te hablé se llama Frida Kahlo.
4. El tema sobre el que se habló no era muy interesante.
5. Éste es el cuadro por el que pagué solamente ochenta y cinco euros.
6. Ésa es la chica a la que vimos ayer en la biblioteca.

E 5 *1.* 1. tuviera/hubiera/existieran; 2. hable/sepa/entienda; 3. sea; 4. pueda; 5. haya/existan; 6. sepa/le guste; 7. sepa/conozca/entienda

Paso 4 (p. 102)

E 1
1. Obwohl ich keinen Hunger habe, werde ich ein belegtes Brötchen mit Schinken und Käse essen.
2. Selbst wenn es teuer ist, werde ich es/ihn kaufen.
3. Selbst wenn es kalt ist, werde ich schwimmen gehen.
4. Selbst wenn du sauer auf mich bist, werde ich zu dir gehen, um mit dir zu reden.
5. Obwohl er wenig verdient, lebt er ziemlich gut.
6. Obwohl er seit kurzem hier wohnt, kennt er schon ziemlich viele Leute.
7. Auch wenn du so hübsch und sympathisch bist, habe ich keine Arbeitsstelle für dich.
8. Obwohl ich ihn nicht so sehr mag, werde ich einen grünen Tee trinken.

E 2 Pues, aunque haga calor, yo no iré.
Pues, aunque juegue España, yo no lo miraré.
Pues, aunque pongan una buena película, yo no iré.

E 3 *1.* a 2 - b 1 - c 3 - d 5 - e 4

E 4 1. Aunque es muy tarde todavía hace calor. 2. Aunque tiene tres coches va en bicicleta al trabajo. 3. Aunque no lo creas he aprobado el examen de matemáticas. 4. Aunque tengo miedo al avión iré a ... . 5. Aunque fue sólo por un gol ... . 6. Aunque vaya a la fiesta no bailaré.

E 6 *1.* 1. Se acuerda; 2. Recuerda; 3. Recuerda; 5. Se acuerda; 6. Recuerda; 7. Recuerda; 8. Se acuerda; 9. Recuerda; 10. Recuerda
a. acuerdo; c. Recuerdo; e. acuerdo; f. recuerdo; g. recordar; j. recuerdo; k. recuerdo
1 f - 2 a - 3 j - 4 b - 5 g - 6 c - 7 i - 8 e - 9 k - 10 d - 11 h

Etapa 15

Paso 1 (p. 106)

E 1 1. El presidente fue elegido por los habitantes. 2. La mesa fue puesta por Manuela. 3. Mafalda fue publicada por primera vez por la revista ... . 4. Una historia increíble fue contada por él/ella. 5. La casa de los Sánchez fue comprada por Luis. 6. Mis documentos y mi dinero fueron robados por dos hombres. 7. Un remedio para el dolor de garganta fue comprado por él/ella. 8. Las tres habitaciones principales fueron ocupadas por la familia.

E 2 1. La mujer sirvió ... . 2. Marcos sacó un poco de dinero de su ... . 3. Pepe dio las cartas. 4. La abuela llevó al niño a la ... . 5. Miles de personas en todo el mundo leyeron Mafalda. 6. Nosotros conoceremos mañana toda la información.

E 3 1. por el/la camarero/a. 2. por los turistas/los políticos/... 3. por Fleming. 4. por hidrógeno y oxígeno. 5. por una erupción del Vesubio/por el Vesubio. 6. por Picasso.

Paso 3 (p. 110)

E 2 casa - casita; pez - pececito/cillo; libro - librito/illo; luz - lucecita/cilla; mesa - mesita/illa; cosa - cosita/illa; pie - piececito/illo; hijo - hijito; papel - papelito/illo; pan - pancito/panecillo; lápiz - lapicito/cillo; león - leoncito

Paso 4 (p. 111)

E 2 *1.* 1.f; 2.e; 3.d; 4.b; 5.a; 6.c
2. a. A un "skinneto"; b. Pequeña aventura; c. Caca de perro; d. Justos por pecadores; e. Itinerarios; f. Familia "light"

E 3 musculoso, -a - celoso, -a - ambicioso, -a - peligroso, -a - amoroso, -a - rencoroso, -a - venenoso, -a - culto, -a - gustoso, -a -orgulloso, -a - envidioso, -a - generoso, -a - caprichoso, -a - forzudo, -a, forzoso, -a - horroroso, -a

Etapa 16

Paso 1 (p. 114)

E 1 1. Acaba de llegar. 2. Ahora me pongo a trabajar. 3. Hace unos meses dejé de fumar. 4. Se echó a reír y nadie sabía por qué. Un minuto más tarde se echó a llorar. Tú .... 5. Sigue viviendo con .... 6. Salió corriendo para .... 7. Lleva treinta años trabajando en esta .... 8. Tengo terminada la carta. 9. Doy por explicado este tema. 10. ¡Vuelves a contar el mismo ...! 11. Debe de estar en la oficina todavía.

Paso 2 (p. 115)

E 1 1. aburrimiento; 2. aburrido; 3. diversión; 4. divertida; 5. mezcla; 6. mezclados; 7. interesante; 8. interesado; 9. responsabilidad; 10. responsable; 11. susto; 12. asustada; 13. cansancio; 14. cansada

E 2 *1. acción:* subir, bajar, abrir, cerrar, mirar; *estado:* parecer, estar, encontrarse; *sentimiento:* odiar, amar, desear

E 3 *2. + 3. am Sankt Nimmerleinstag:* Cuando las ranas críen pelo (2); *ein Hasenfuß sein:* Ser una gallina (1); *immer ein Haar in der Suppe finden:* Buscarle la quinta pata al gato (9); *weder Hand noch Fuß haben:* No tener ni pies ni cabeza (4); *eine Flasche sein:* Ser un cero a la izquierda (14); *spindeldürr sein:* Ser (flaco, -a como) un fideo (7); *auf der Hut sein:* estar con la mosca detrás de la oreja (13); *jemandem einen Korb geben:* Darle calabazas a alguien (8); *Sterne sehen (vor Schmerz):* Ver las estrellas (5); *den Kopf verlieren:* Perder la cabeza (10); *Haare auf den Zähnen haben:* Tener pelos en la lengua (6); *jemanden auf den Arm nehmen:* Tomar el pelo a alguien (3); *jemandem auf den Wecker fallen:* Dar la lata a alguien (11); *gesalzen sein (Preis):* Estar por las nubes (los precios) (12)

Paso 3 (p. 117)

E 1 1. Son cuatro personas. La primera mujer es ardiente, morena y llena de pasión. La segunda es pálida, rubia y tierna. La tercera es imposible, incorpórea e intangible. La cuarta es el poeta.
2. No. La palabra morena.
3. La mujer morena simboliza la pasión, la mujer pálida, la ternura y la mujer "sueño", el imposible.
4. No la puede tener, es un ideal.
5. Es la mujer ideal/soñada/imposible

E 2 1. El poeta habla con su amada. Ella es "tú". 2. Una relación amorosa, íntima. Se conocen. 3. Según el autor la mujer amada es la poesía. Probablemente las relaciona porque ambas son bellas.

E 3 1. Mirada, sonrisa, beso. 2. Mundo, cielo. 3. Para el poeta representan la belleza, la perfección. 4. La forma del Condicional: daría. 5. Por una mirada es capaz de dar el mundo, por una sonrisa, el cielo. Por un beso daría tanto que ni él mismo sabe qué.

E 4 "Las palabras"

Etapa 9, Paso 1, E 1, Solución: